缠中说禅
T+0战法

赵信◎编

经济管理出版社

ECONOMY & MANAGEMENT PUBLISHING HOUSE

图书在版编目（CIP）数据

缠中说禅 T+0 战法/赵信编. —北京：经济管理出版社，2020.6（2025.1重印）

ISBN 978-7-5096-7147-4

Ⅰ.①缠… Ⅱ.①赵… Ⅲ.①股票交易—基本知识 Ⅳ.①F830.91

中国版本图书馆 CIP 数据核字（2020）第 093462 号

组稿编辑：勇　生
责任编辑：勇　生　王　聪
责任印制：黄章平
责任校对：张晓燕

出版发行：经济管理出版社
　　　　　（北京市海淀区北蜂窝 8 号中雅大厦 A 座 11 层　100038）
网　　址：www. E-mp. com. cn
电　　话：（010）51915602
印　　刷：北京晨旭印刷厂
经　　销：新华书店
开　　本：720mm×1000mm/16
印　　张：11.5
字　　数：155 千字
版　　次：2020 年 8 月第 1 版　2025 年 1 月第 2 次印刷
书　　号：ISBN 978-7-5096-7147-4
定　　价：48.00 元

前言：缠中说禅如何利用手中的股票做 T

通常有人买入股票后，跌了就认为被套了，马上进行割肉，这是最愚蠢的。如果你是作为长线股的投资，跌了也许并不会卖出，或许还会补仓。其原因很简单，都是没有冷静分析，只是看到了表面的涨与跌。建议在弱市行情下，进行 T+0 的操作，以此来降低持仓成本。手头没有现金的，操作时则不需要增加现金，即使满仓被套也可以实施交易。当你进仓的股票，在其后几天被套了，也不要紧。当持有一定数量被套股票后，某天该股受突发利好消息刺激，股价大幅高开或急速上冲，可以先将手中被套的筹码卖出一半或 1/3 仓，待股价结束快速上涨并出现回落之后，将原来抛出的同一股票全部买进，从而在一个交易日内实现多次的高卖低买，来获取差价利润，很快就解套了。

缠中说禅可以告诉我们，自 2008 年 1 月大暴跌以来，在与游资主力和国际热钱交战中，国有主力已经日落西山，尤其是基金重仓的股票跌入深渊，而战胜者游资主力和国际热钱能够采用 T+0 的战术，我们只有与狼共舞才能赚钱。弱市 T+0 套利战术是对一些股票职业机构的操作经验的总结，它需要较强的职业经验与快速的市场感觉，它的具体实战应用与大盘有较紧密的联系。

T+0 是指已经持有想要做 T 的那只股票，而该股票在做的那天先跌后升，股民在低位买了，趁拉高后卖出原来拥有的股票，那就达到赚钱的目的，也拉低了成本。

T＋0 交易，通俗地说，就是当天买入的股票在当天就可以卖出。虽然 A 股采取 T＋1，但是可以通过操作来实现 T＋0，T＋0 也叫小波段或者叫高抛低吸。

当股价跌破上个交易日的成本，而后市继续看好时，在低位补仓。回到成本线以上时，把昨天小套的部分卖出。这样成本就变低了，手上的筹码数不变。或者是冲高以后，料定还得回弱，在高位卖出上个交易日的筹码，然后在低位又买回来，也能达到降低持仓成本的目的。T＋0 主要针对震荡时期，拉升期或者下跌通道中，不要做 T＋0，以免造成损失。

当然，缠中说禅做 T 是绝对的高手，总结了许多"T＋0"实盘操作技巧，实战证明是非常有效的，T＋0 操作思路是这样的：

首先要确定的是自己的操作级别，走势都是分级别的，而买点与卖点也是分级别的，例如，操作级别是 30 分钟，那么一般就在 30 分钟级别的买点介入，在 30 分钟级别的卖点卖货。

而 30 分钟级别的走势，显然是从 1 分钟级别开始发展的，那么 30 分钟级别的次级别，以及其次级别的次级别中的波动，都是可以拿利润的。

缠中说禅做 T＋0 降成本的操作原理如下：

（1）缠论中市场获利机会的绝对分类只有两种：走势中枢上移与走势中枢震荡。在你的操作级别下，走势中枢上移中，是不存在着任何理论上短差机会的。除非这种上移结束进入新走势中枢的形成与震荡。而走势中枢震荡，就是短差的理论天堂。只要在任何走势中枢震荡向上的离开段卖点区域走掉，必然有机会在其后的走势中枢震荡中回补回来。唯一需要一定技术要求的，就是对第三类买点的判断。如果出现第三买点不回补回来，那么就有可能错过一次新的走势中枢上移。当然，还有相当的机会，是进入一个更大的走势中枢震荡。那样，你回补回来的机会还是绝对有的。

（2）任何走势，无论怎么折腾，都逃不出这个节奏，就是底、顶以及连接两者的中间过程。因此，在两头的操作节奏就是走势中枢震荡。只是在底的时候要先买后卖、在顶的时候要先卖后买，这样更安全点。至于中间的连接部分，就是持有。当然，对于空头走势，小板凳就是一个最好的持有，一直持有到底部构造完成。而有技术的，根本就不需要什么小板凳，按操作级别，分清楚目前是三阶段中的哪一段。然后日日是好日，时时是花时。亏钱都是错误操作引起的，不断反省，才会进步。

缠中说禅做 T+0 降成本的操作方法：

（1）在 30F 级别图上区分确认当下是处于底分型、顶分型构造中，还是连接两者的中间过程。

（2）在底分型构造过程中，先买后卖；但是一旦出现非背驰类向上，那么就要注意是否是产生第三类买点而及时回补。

（3）在顶分型构造过程中，先卖后买；但是一旦出现非背驰类向下，那么就要注意是否是产生第三类卖点而不应回补。

（4）连接顶与底的中间过程，就不再进行短差操作；只是采用 5F 级别有买点时，按仓位要求进行 T+0 操作。

从最严格的机械化操作意义上说，只有围绕操作级别中枢震荡的差价才是最安全的，因为肯定能做出来，而且绝对不会丢失筹码。在成本为 0 后的挣筹码操作中道理是一样的。

在中枢震荡中，本质上是应该全仓操作的，也就是在中枢上方全部抛出筹码，在中枢下方如数接回。

当然，这需要高的技术精度，如果对中枢震荡判断错误了，就有可能抛错了。所以，对不熟练的可以不全仓操作。但这有一个风险，就是中枢震荡后，不一定就能出现第三类买点，可以直接出现第三类卖点就下跌，这在理论与实际中都是完全允许的。这样，如果在中枢震荡上方没完全走掉，那有部分筹码就可能需要在第三类卖点处走，从而影响总体利润。如果完全按照以上缠中说禅操作模式，就不存在这个问题了。至于能否达到缠中说禅操作模式的要求，那是技术精度的问题，是需要在实际中磨炼的问题。

有一个缠友，学习"缠中说禅"至今已有三年多了。他 2008 年 10 月开始入市，开始的本金 5 万元，现在已达 60 多万元了。他在其账户达到 10 万元时，就跑去跟开户券商申请调低交易费率，现在费率为 4‰。

他经常炒作一只股票，偶尔轮动一只。他不断地做短差。据说，现在平均一天都有 3000 元，高时可达 9000 元。

进这个市场，光念叨着有技术、有好的交易系统、有很好的时空预测等都是有形而无意的。因为无论何品种，能执行交易才是最基本的。"0"成本持股不是口号，而是某特定级别的次级别短差交易模式，能给你带来复利，也能更好地防止行情突变的可能。因此，短差是一个盘手的基本功，必须刻苦练习。狼性交易员、魔鬼操盘手都必须经历这个训练模式，这是为交易生涯奠定最扎实的基础。

让缠中说禅手把手教你如何利用手中的股票做 T + 0 降低成本。

本书较全面地总结了缠中说禅做 T 的战法，一共有九部分，分别是：抓住 T + 0 的核心要点；在震荡市做 T + 0；中枢形态差价操作；利用分时图做 T + 0；利用线段做 T + 0；利用均线做 T + 0；把握高抛低吸经典战法；T + 0 套利买卖；掌握 T + 0 操作技巧。

编者 QQ：963613995，微信号：qian15201402522。

目　录

第一章　缠中说禅 T+0 战法 1：抓住 T+0 的核心要点

一、缠中说禅做 T+0 的法则

法则 1：部分机动的资金去弄点短差（T+0）

缠论原文：一个最简单又最有效的管理，就是当成本为 0 以前，要把成本变为 0；当成本变成 0 以后，就要挣股票，直到股票见到历史性大顶，也就是至少出现月线以上的卖点。一些最坏的习惯，就是股票不断上涨，就不断加仓，这样一定会出问题。买股票，宁愿不断跌不断买，也绝对不往上加码。投入资金买一只股票，必须有仔细、充分的准备，这如同军队打仗，不准备好怎么可能赢？在基本面、技术面等方面都研究好了，介入就要坚决，一次性买入。如果你连一次性买入的信心都没有，证明你根本没准备好，那就一股都不要买。买入以后，如果你技术过关，马上上涨是很正常的，但如果没这水平，下跌了，除非证明你买入的理由没有了，技术上出现严重的形态，否则都不能抛一股，而且可以用部分机动的资金去弄点短差（注意：针对每只买入的股票，都要留部分机动的资金，如 1/10），让成本降下来，但每次短差（T+0），一定不能增加股票的数量，这样，成本才可能真的降下来，有些人喜欢越买越多，其实不是什么好习惯。这股票该买多少，该占总体资金多少，一开始就应该研究好，投入以后就不能再增加。

法则 2：确认操作级别

只有有了操作级别，才能对中枢以及趋势进行判断。对于趋势中的情况，一定要盯紧，投资者不能在趋势里打短差（T+0）。在趋势里唯一需要做的就是满仓，直到趋势出现停滞的时候才能继续下一原则，如图 1-1 所示。

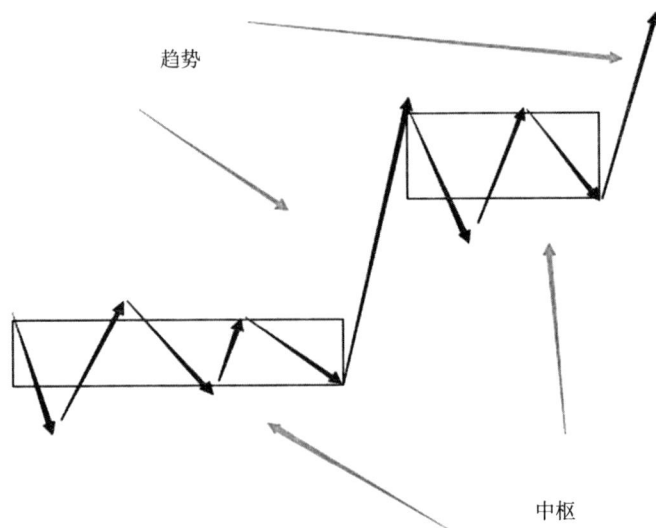

图 1-1 对于中枢以及趋势进行判断

法则 3：高抛低吸

在操作级别确认之后，就要按照中枢操作进行高抛低吸了，当然怎么买在趋势里？这就需要一定的技巧了。下面通过举例为大家说明，相信大家都玩过跳大绳的游戏。在这个游戏中，大绳由左右两个人挥动，所以作为中间的跳绳者，想要介入到跳绳里，就要找到左右两个人挥动的节奏，如图 1-2 所示。

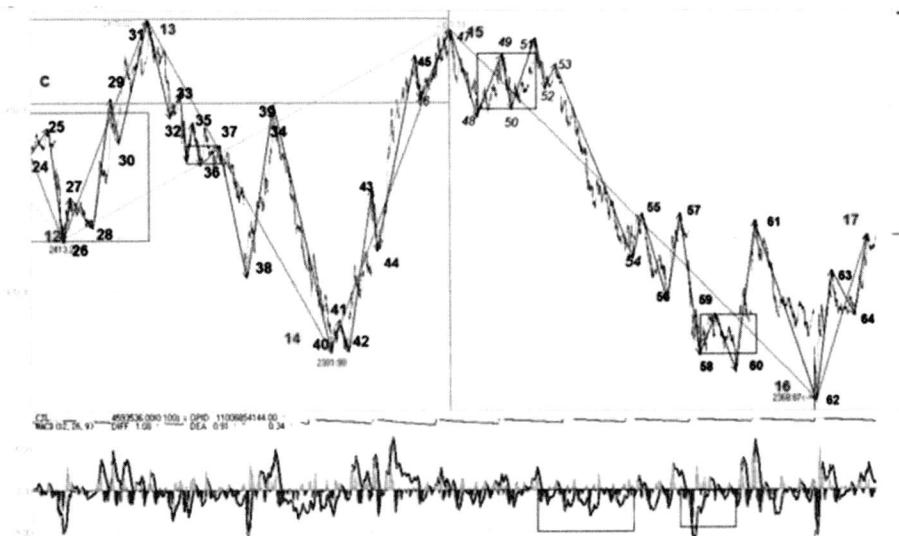

图 1-2　高抛低吸

　　走势其实就如同跳大绳，趋势出现就像大绳在转动，作为投资者的我们只有踏着节奏在次级别介入才可以。因为走势不会等你上来再转动。在图 1-2 的趋势里，在次级别中，是有缝隙的，而在本级别显示除了一条直线，还要求投资者需要注意各级别中的切换。

　　法则 4：中枢操作

　　中枢操作的前提就是中枢会一直中枢下去，那这样的话，就只能做箱体了，按照缠论的背驰原理，高了卖，低了买，直到出现三买就一直持有，直到出现三卖就卖出以避开走势向下震荡，进行此原则，就要懂得一个中枢上下两个基本点，如图 1-3 所示。

　　从上面的介绍可以总结：在确定了买卖级别之后，那种中枢完成后的向上移动时的差价是不能做的，中枢向上移动的时候，就要卖仓，这才是最正确的仓位。在围绕中枢差价时，在中枢上方仓位减少，在中枢下方仓位增加，当然前提就是中枢震荡依旧，一旦出现第三类卖点，就不能回补了，运用中枢震荡力度判断的方法，完全可以避开其后可能出现第三类卖点的震荡。

中枢向上形成趋势　以持仓为主

中枢向下形成趋势　以持币为主

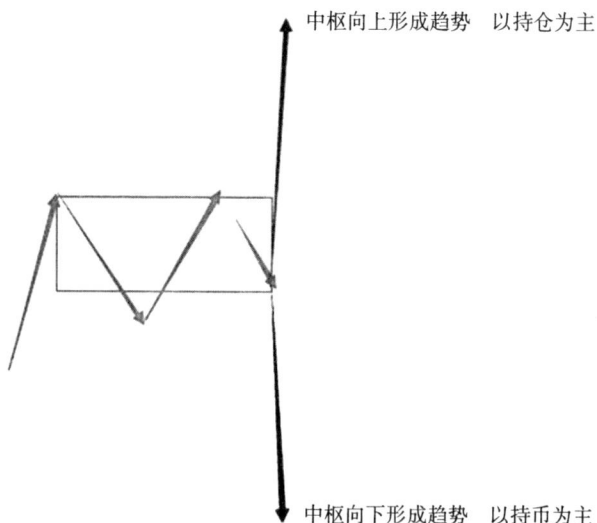

图 1-3　向上持仓为主

二、市场强弱分析及仓位配置

37.5%仓位按顶底分型做波段（○、一、二、三、四），62.5%仓位按不同级别的走势综合考虑后的三类买卖点、中枢震荡做差价。单边组合 = 分型仓 + 短差仓 + 风险仓；对冲组合 = 空向仓 + 多向仓 + 轮换仓；加强公式 = B + B + 2M + 2A + 2￥。

说明：37.5%的分型仓使用方法在系列 1 中已经说过，分成 9.375% 一份，四大指数满足几个介入几份，由于顺带做了指数增强套利 B + B + 2M + 2￥ + 2￥，37.5%里面有 1/3（12.5%）是乘以 2 变成了母基 A + B/2M。如果不做指数增强，非 B 类资金有 62.5%可用于短差，实际上如果连续做了折价轮动，每天只会有 25%的资金可用在短差仓上，次日到达的 25%可用在风险仓上。短差仓上面说过，不是一次性打满的，根据走势力度分类采取不同的比例使用，其所使用剩下的自动成为风险仓备用。特别强调，分型仓都没有打满的情况下是不能使用短差仓的。

短差仓：

A：

类三买——四成　0.2500　注：永远不要参与五日线下的行情

拐头三买——五成　0.3125　注：不参与没有分型仓介入的走势

前中枢三买——六成　0.3750　注：永远不要参与五日线下的行情

当下中枢三买——七成　0.4375　注：不参与没有分型仓介入的走势

标准背驰后三买——八成　0.5000　注：永远不要参与五日线下的行情

B：

类三买——三成　0.18750　注：永远不要参与五日线下的行情

拐头三买——三点五成　0.21875　注：不参与没有分型仓介入的走势

前中枢三买——四成　0.25000　注：永远不要参与五日线下的行情

当下中枢三买——四点五成　0.28125　注：不参与没有分型仓介入的走势

标准背驰后三买——五成　0.31250　注：永远不要参与五日线下的行情

短差仓下降 37.5% 的仓位，测试用第二类买卖点捕捉非标准背驰的转折以及非背驰行情的参与，品种可选择 T+0 交易的上海分级，注意推进的尺度。

第一个中枢上——七成、六成、五成、四成　　溢价拆分

第二个中枢上——六成、五成、四成　　折价合并

第三个中枢上——五成、四成　　板块轮动

第四个中枢上——四成　　成本冲击

一个买点——减三成　注：高价折扣法之亏损 10% 坚决止损

二个买点——减二成　注：高价折扣法之亏损 10% 无脑抛出

三个买点——减一成　注：高价折扣法之亏损 10% 坚决止损

四个买点——减〇成　注：高价折扣法之亏损 10% 无脑抛出

第一个大一级别中枢内的买点——减〇成

第二个大一级别中枢内的买点——减一成

第三个大一级别中枢内的买点——减二成

第四个大一级别中枢内的买点——减三成

说明：如果你不做指数增强可以选择 A 方案，我目前用的是 B 方案。四大指数有个综合考量在里面，第一步查看四大指数各自迎来哪类第三类买点或中枢震荡中的买点，第二步选择其中仓位使用最大的一个作为基准，根据四个指数有几个出现买点进行相应的仓位变化用 A 方案举例：上证指数出现一个当下中枢三买，然后其余三个指数并没找到符合的买点，这个时候就只能使用短差仓中 7-3=4 成参与了，短差仓是伴随日线分型仓在使用，一个日线向上笔最多是一个 5 分钟趋势，从第二个 5 分钟中枢算起每个得出的仓位再减一成，以此类推下去。特别注意，当得出的仓位小于短差仓最低使用仓位时不进行任何短差操作。

风险仓：

已经出现比较容易形成笔的顶分型或中继底分型时停止一切介入，手起刀落离开，吃得咸鱼抵得渴。当仓位介入后错过卖点或买点判断错误时余下仓位自动成为风险仓，此时走势无非是走成标准趋势下跌或反向连接一个同级别的走势类型。至于第一种，风险仓在标准趋势背驰后的二买介入，任何反弹不创本级别新高的走势连带短差仓一起离开，如若出现跌破第一类买点现象，当下立即清仓离开；至于第二种，当反向连接的同级别走势类型出现卖点时把原计划该卖出的仓位出掉。风险仓一旦启动，必须连带短差仓一起当天离开，也就是必须建立在不过夜的基础上使用。分型仓在向上笔延伸过程中，出现第一种情况时风险仓均分为二阶梯介入参与替换。对未知的未知心存敬畏，风控面前一切不容商量。

四大指数同时走出标准趋势下跌则补进近期较热门宽基中跌幅最深的，如出现盘整下跌与趋势下跌的不同步则补进热门宽基里跌幅最浅的。

戴上完全分类与手起刀落的安全帽，将贪婪与恐惧赶尽杀绝。分型仓——单边骑老虎，短差仓——震荡玩潜伏，抄底——急杀扛红旗、超跌跳深坑。

细心的读者会发现分型仓和短差仓两套系统有相辅相成的作用，单边走势分型仓会赚得多一些，震荡走势短差仓多些，交错上升的两者将缠绵向上；以上正好揭示了走势不可测的问题。技术派都能规避操作级别以上的下跌，而上涨无非这三种。强者恒强（倚强凌弱——盯老大），草木皆兵（锄强扶弱——盯老二），平分秋色（安分守己——强中弱），二八转换（沙里淘金——弱中强）。

流动性干扰、短差仓效率、资金容纳量、策略多元化、换手总成本是当前最困扰的问题。不能即时成交势必会影响策略的执行，提高成交量必然导致缺失一些回报更大的机会，中间值取多少最为妥当？短差仓作为一种增强是否起到了其作用？其中触发条件是否足够量化？使用频率及风报比是否合适？资金规模往上扩展套利这块肯定是要受影响的，指数增强可以分单，短差仓这块分单就比较困难了，还是回到了多品种、多策略的问题上，必须不断在现实中校对。

三、关于做短差的买卖级别

问：某级别卖点卖出后，怎么回补？

缠论回答：看技术买点，一定要综合地看，如果 30 分钟很强，甚至 1 分钟的买点也该回补了，但如果 30 分钟很弱，那至少要等 30 分钟的买点出现。

首先你为什么在那里买？1 分钟背驰就买？一只一月涨了 1 倍的股票 1 分钟背驰就买？先套着吧，好好反省。中线该股是肯定没问题的，短线受点折磨也应该，否则永远没进步。

缠论教诲：

按图形来操作，把级别定好，但千万别太机械了，要配合好大级别的，否则都按 1 分钟来，就机械了。首先要判断好大级别的走势，例如，日线在上涨中，那 1 分钟之类的就算走了，一定要及时买回来，而且最好别按 1 分钟弄，5 分钟甚至更长都可以，除非是最后的急促拉抬，那就要配合好 1 分钟的图形。

周线级别的中枢，正是上下打短差（T+0）的最好时期。建议先把理论看一看，如果连市场在干什么都搞不清楚，那就没法玩了。

卖点总在上涨形成的，就像该股票，15 分钟里这么明显的背驰在 7 元之上，为什么不操作？那可是 15 分钟（不知在何方：这里指 15 分钟图上的 5 分级别盘整背驰）的背驰，对于小资金，足以有 10% 的短差了，8 次这样的机会足以翻番了。该股中线问题还不大，调整后还是有机会的。

先别管调整了，先把理论搞清楚，所有的损失都可以回来的。这种忍受就当成一种动力吧。

四、善于经验总结

缠论认为，超短线操作虽然只关注盘口的几分钟变化，甚至只是几秒钟，但还是不能达到 100% 的精度的，这就存在一个正确率的问题。

操作的失误，或者说是错误，是不可避免的，而可以提高的，便是操作的精度。

逐渐锻炼成机械化操作，是必然之路。

下面是缠师 T+0 近日操作经验总结：

近期大盘是一个 30 分钟的趋势（我同级别分解级别是 30 分钟的）。

因为趋势背驰，所以近期都在第二个中枢范围里震荡出现级别拓展为日线中枢。

而这种大势分析无非是事后诸葛亮行径，没多大意思。

面对这种上也不是、下也不是的走势，其实就是用来降成本的。

降成本，第一，便是要止损。而且降成本属于超短线，有的时候两三分钟就做完了，因为一分钟内小转大的概率非常大，不在自己可操控的范围内操作，而且是在这种大级别震荡中，不设止损分分钟反复打脸。

第二，开盘 30 分钟与收盘 30 分钟的成交量与震荡都比较大，在此时空中做差价成功率较大，而且此时间段易形成 1 分钟笔中枢的趋势，而以笔作为单位极不稳定，需要见好就收。

第三，盘口信息需要学会阅读，做差价，首选高价股，原因就是价位间空当多，而且要看盘口的买卖方力量。

第四，共振，大盘 1 分钟阴线很长，而个股下方没什么买单，且成交量放大，基本会形成一个短期趋势的，至少三四分钟感觉。

这里的重点是盘口信息，细节非常重要，往往大盘跳水个股坚挺的原因就是买盘价位密集且数量多，除非出现大量卖单砸盘，这时量出来了，而且基本会砸出一定的价位空间留给差价操作。

第五，综合判断，就是经验。

如图 1-4 所示。

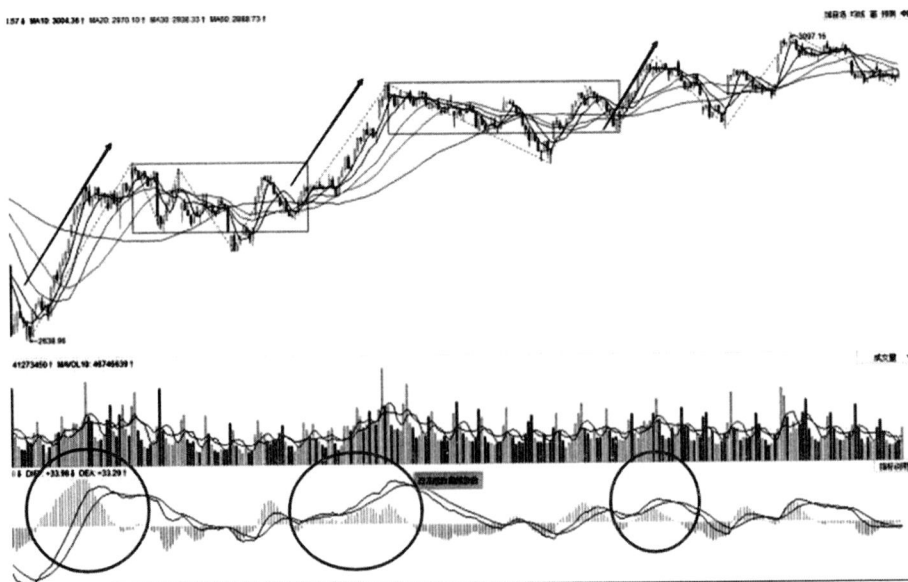

图 1-4　逐渐锻炼成标准化操作

五、如何预判这波行情

缠论的一个比较重要的观点是走势终完美。大概的意思就是大家常说的股票涨多了就要跌，跌多了就要涨。

不过大多数人口中的涨、跌是没有明确定义的，分类比较混乱。而缠论里面的涨、跌是有明确定义的，并且市场走势也是能够完全分类的。比如上涨、下跌、盘整如图 1-5 所示。

最左边的那两个图是盘整，一个方向向上，一个方向向下。重叠的部分则是中枢区间。

中间的图是上涨走势，有两个同向的没有重叠的同级别中枢的走势就是上涨了，而下跌则反之。

这样我们对于走势就能够做到明确的分类，并且知道什么是上涨、

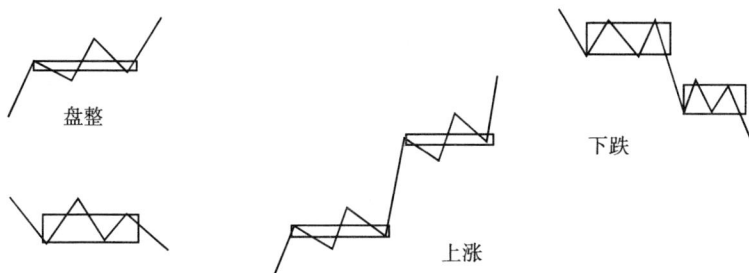

图 1-5 下跌盘整上涨

下跌、盘整。

而回到公理，任何的走势，上涨也好，下跌也好，盘整也好，都是会结束的，上涨完成之后是要转化成其他走势的。而走势就三类，上涨完成转化对应的就是下跌、盘整。

就好比白天和黑夜。白天结束了是黑夜，黑夜结束了是白天。

明白了这一点大家就知道牧牛郎为什么 2 月 27 日说要提防 5F 级别的调整出现，而 3 月 13 日又说 3264 下来的调整最低点已出了，如图 1-6 所示。

牧牛郎：短线提防5F级别回调出现 编辑 | 删除

2017-02-27 15:54 来源：股市评论 标签：热股直击 | 都测解读 | 大盘解析

缠论看，大盘 3044 上来的走势是一个 5F 级别的上涨走势，这一波上涨的走势非常强势，背驰段延续性也非常强。

因此，我们选择了用趋势线作为辅助来判断指数的延续情况。从今日大盘的走势看，趋势线已经微幅跌破了，明日指数就比较关键。如果指数继续调整，那么 5F 级别调整将确认。那么我们在 5F 级别调整结构未完成前，都应该谨慎。因为同级别调整确认的话，趋势就是向下了，那么除了缓跌之外，急跌的情况也是可以出现的。

而如果指数还能强势收回，那么趋势仍然还可以继续延续。

图 1-6 回调级别

如果大家熟悉缠论，那么这些判断是很容易得出的。

因为结构非常清楚，比如自 3044 点到 3264 点就是一个很明显的上涨走势，上涨出现了衰竭，走势要死了，那么后面面临的选择就只能是盘整回调或者下跌，当然是要规避的。

到了 3 月 13 日，我们知道走势已经选择了走盘整回调而不是下跌，并且盘整当时已经完成了，而回调完成，那么当然是可以介入了，如图 1-7 所示。

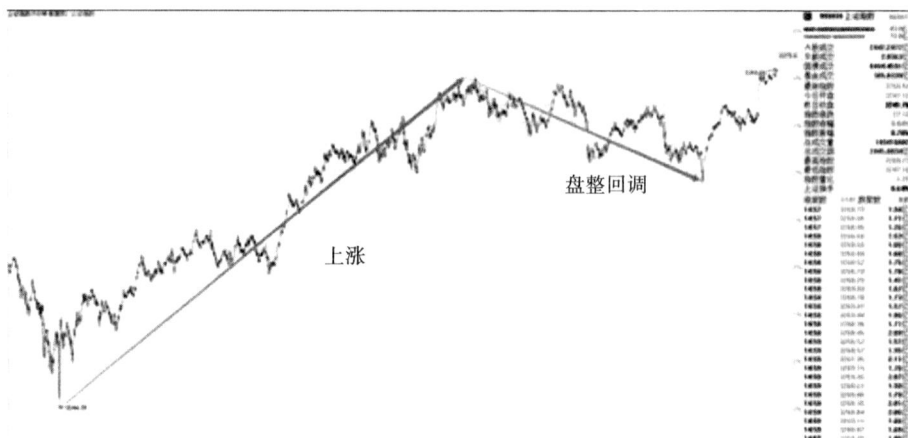

图 1-7　回调完成，可以介入

从图 1-7 中我们可以看出，从 3044 点到 3264 点的上涨走势结构是非常明显的，上涨结束了之后，转化成了从 3264 点到 3193 点的盘整回调。然后回调完成之后开启新一波的上涨，走势就是在这种相互转换中轮回。

六、做 T 者需要关注的五个问题

第一个问题：买入之后心存幻想，缺乏警觉。

作为一个运用缠论非常熟练的投资者，往往会有这样的经历，那就是买进的股票一旦上涨，那么在当时审定的出局条件就会被抛在脑后，取而代之的是沾沾自喜；当买进的股票一下跌，然后心理上就会不断地安慰自己，说肯定是洗盘，马上会涨回来的。其实这样的就是自控能力不好的投资者，当然这样的投资者在市场中是一抓一大把，只有改掉习惯，才能有盈利。

第二个问题：涨了加仓，跌了补仓，不懂差价。

这个当然是与性格有关了，无论是建仓还是补仓，其实并不能改变大运行的轨迹，而背离却可以。没有弄明白上涨的原因，就期望它后面的上涨，于是赶紧进行加仓；同样没有弄明白为何跌，又期望它后面的上涨，所以赶紧补仓，这样的投资就是不懂做差价。缠论中的大级别持有和小级别差价就是解决这个问题的。

第三个问题：买得晚，卖得晚。

当看到一只股票开始进入拉升了，开始急忙地介入，往往它就是最高点；同样卖的时候，明明介入错了，上涨时没能及时卖出，等到快要跌到成本区域的时候，又想着它还能涨回去，结果是一落千丈，等到受不了了，才开始止损。

针对这个问题，缠师的解决就是：把功夫下到平时，提前选好介入目标，下跌到目标位形成背离介入。只要有所盈利就要进行卖出，最好是在上冲过程中，最少也是在二卖。

第四个问题：操作级别上的混乱。

按 30 分钟介入，却忍受不了 5 分钟的震荡出局；按 5 分钟介入，因为涨得快却忘记了本来就是抢反弹，30 分钟以上级别还必须要走第三段，有调整需求。如果你的技术通道还不过关，在使用缠论时，本来就无法胜任小级别操作，却非得按小级别来，那么自然就会亏损。

第五个问题：选择了好股票却没能获得足够利润。

如果是按照周线级别选好了个股，理论上保证肯定有较大涨幅，就介入，因为小级别操作降低成本，但是出来后就跑到另外一个不熟悉的股票做短线去了，却忘记了这个费尽周折所选择的股票，所以在回首看的时候，已经是错过了最好的利润！

第二章 缠中说禅 T+0 战法 2：在震荡市做 T+0

一、做 T 最舒服的时期就是震荡市

缠论认为，要在震荡中不断短差（T+0），一般不用翻倍卖出一半就是 0 成本。利用中枢震荡，上轨道就卖，下轨道就吸，只要有短线买卖点就行，控制好每次参与的量，不熟练就用仓位的 1/10，技术是靠自己练出来的。

缠论认为，震荡为主的市场才是 T+0 操作的舞台。T+0 最能发挥长处的时候就是震荡市、盘整市、牛皮市。无法判断个股涨跌却又不想手里没仓位的时候，与其被动地死拿等待个股和大盘选择方向，不如做 T+0 增加利润，如果赶上横盘几天或者几周也不浪费时间。

在震荡行情中，盘中做 T+0，是一种非常稳健、高效的套利手段。这样的操作远比做短线、中线持股不动要好，因为 T 是当天就能完成的，每天都有套利的机会，但是做 T，在买卖点上把握就要求高些。做 T 每天套点小利，也会积少成多。做 T+0 可以减少很多风险，也可以提高可操作性，能在短线上得到心理及成果上的支撑，最重要的是，做 T 时间长了，盘感就会越来越好，别看简单，练到极致就是绝活。

1. T+0 操作的三个先决条件

（1）做 T，需要震荡市，且个股能够在波动中有空间可操作。

（2）做 T，需要较高的换手，个股 3% 以上的振幅空间，中小创题材较好。

（3）做 T，需要大量连续的盯盘时间以及良好的操盘环境。

2. T+0 操作时间

在一天当中，早盘 9：30~9：50，一般散户不要参与，这是主力展示盘口语言的时间段，水平高的可以在此阶段通过量比去博涨停。短线战法量比大于 3，涨幅开在 3%~5%，市场强势，容易抓住涨停的时间。

（1）早盘 9：50~10：10 往往是对前一交易日热点个股顺势拉高的阶段，容易产生短期的高点。经验：在这个时间段高抛效果不错。

（2）上午盘 10：00~10：40 是主力入场的时间，此时间段如果热点拉升清晰，大盘无忧。经验：这个时间如果个股出现拉升，且主力数据良好，那对这股可以放心。

（3）上午 11：10 以后的急拉除非市场非常强势，否则不要跟风，容易中套，指数是拉给下午要买票的人看的。

（4）13：30~14：00 往往是主力下午盘面主要攻击的时间段。

（5）14：00~14：30 是盘面最容易发现转向的阶段，很多游资如果看指数 14：00 后的走势相对稳健时，往往会袭某只股票拉涨停，例如，14：10~14：20，以直线加速度的形式拉涨停个股很多。

（6）14：30~15：00，弱势行情短线诱多往往在这个时间段产生，当然强势行情不存在诱多，而是进一步拔高吸引人气。

（7）根据上述时间段，把握好买卖点，完成 T+0，但个股不一定按此规律走，这就需要长期观察选的 T+0 股票的规律，决定买卖点。

总结每天买卖时的几个时间点：买入时间段：早上 9：37~9：43，上午 11：00 左右，下午 2：40~2：50，一般都是不暴涨暴跌时的最低点。卖出时间段：早上 9：30~9：33 上冲时，9：50~10：00 上冲时，下午

1：20~1：30 庄家拉升时，下午 2：00 庄家发狂拉时，收盘时最后 3 分钟，一般都是不暴涨暴跌时的最高点。

二、缠中说禅在震荡市做 T 的法则

缠论，震荡是好事，震荡正是短差最好的机会，对于节奏好的人，越震荡成本越低，最好天天震。先卖后买，先买后卖，根据向下向上段的节奏来，这是市场考验的机会。技术好的，见到震荡就高兴，成本又可以降下来；否则就是坐电梯，上上下下享受。

大盘震荡，有些个股反而会大幅上涨，个股就按个股走势看，在这种震荡中，充分利用本理论来操作，是一个最好的选择。

在震荡中，要注意千万别追高。操作上一定要记住，只要是赚钱的，就无所谓对错，这么多股票，总能找到有更好的买点，没必要在一棵树上吊死。

以（1，0）为例，其后处理的方法如下：

（1）如果震荡操作的水平一般，一个足够周期的（1，1）后出现（1，0），把成本先兑现出来，留下利润，让市场自己去选择。剩下的筹码可以这样操作，如果出现（-1，1），意味着低周期图上肯定也出现（-1，1），那么在这个向下笔结束后回来的向上笔只要不创新高，就可以把剩余筹码扔掉。例如，周的，你可以看日或者 30 分钟周期的低周期。当然，还可以直接就看周的 5 周均线，只要有效跌破就走，这可能更简单。

（2）如果震荡操作水平比较好，就利用（1，0）后必然出现的震荡进行短差操作，由于都是先卖后买，所以如果发现市场选择了（-1，1），那么最后一次就不回补了，完全退出战斗。注意：利用短差操作时，一定要分析好这个（1，1）到（1，0）所对应的走势类型，例如，一个周线上的（1，1）到（1，0），必然对应着一个小级别的上涨，至于这个级别是1分钟还是5分钟、30分钟，那要看具体的图形。（1，0）的出现，有两种可能的情形：该对应的上涨出现明确的背驰完全地确认结束，那么整个震荡的区间，就要以上涨的最后一个中枢为依据，只要围绕着该区间，就是强的震荡，否则，就肯定要变成（-1，1）了，就是弱的震荡了。弱的震荡，一般一旦确认，最好还是不参与，等出现（-1，0）再说了。

（3）如果市场最终选择（1，1），那么这个（1，0）区间就有着极为重要的意义。这区间上下两段的（1，1），就可以进行力度比较，一旦出现后一段力度小于前一段，就是一个明确的见顶信号，然后根据对应的走势类型进行区间套定位，真正的高点就逃不掉了。

上面，把可能的操作进行了分类说明，方法不难，关键是应用时得心应手，这可不是光说就行的。最终能操作到什么水平，就看各位自己磨炼的功夫了。

下面是缠论的表里关系。

在走势分解的配件中，有两种类型：一种能构成中枢的；另一种不能构成中枢的。

第一种，包括线段以及各种级别的走势类型；第二种，只有笔。笔是不能构成中枢的，这就是笔和线段以及线段以上的各种级别走势类型的最大区别。因此，笔在不同时间周期的K线图上的相应判断，就构成了一个表里相关的判断。

缠论笔定理：任何时候，在任何时间周期的K线图中，走势必然落在一确定的具有明确方向的笔当中（向上笔或向下笔），而在笔当中的位置，必然只有两种情况：一种在分型构造中；另一种在分型构造确认后延伸为笔的过程中。

根据这个定理，对于任何的当下走势，在任何一个时间周期里，我们都可以用两个变量构成的数组精确地定义当下的走势。第一个变量只有两个取值，不妨用 1 代表向上的笔，-1 代表向下的笔；第二个变量也只有两个取值，0 代表分型构造中，1 代表分型确认延伸为笔的过程中。任何的当下，都只有四种状态，这四种状态描述了所有的当下走势。

（1，1）就代表着一个向上的笔在延伸之中，（-1，1）代表向下的笔在延伸中，（1，0）代表向上的笔出现了顶分型结构的构造，（-1，0）代表向下的笔出现底分型的构造。

更关键的是，这四种状态是不能随便连接的，（1，1）之后唯一只能连接（1，0）；（-1，1）只能连接（-1，0）；（1，0）有两种可能的连接：（1，1）、（-1，1）；（-1，0）有两种可能的连接：（-1，1）、（1，1）。

两个相邻的时间周期 K 线的详尽分解：有了上面的分析，我们就很容易进行更复杂点的分解。考察两个相邻的时间周期 K 线，例如，1 分钟和 5 分钟的。如果 5 分钟里是（1，1）或者（-1，1）的状态，那么 1 分钟里前面的任何波动，都没有太大的价值，因为无论这种波动如何大，都没到足以改变 5 分钟（1，1）或者（-1，1）状态的程度，这里就对 1 分钟的波动有了一个十分明确的过滤作用。如果你是一个最少关心 5 分钟图的操作者，你根本无须关心这些无聊的波动。此外，如果 5 分钟是（1，1），1 分钟也是（1，1），那么，5 分钟是断无可能在其后几分钟内改变（1，1）模式的，要 5 分钟改变（1，1）成为（1，0），至少要在 1 分钟上出现（1，0）或（-1，1），而在绝大多数的情况下，都是必然要出现（-1，1）的。因此，站在病的三阶段判断的角度，对于 5 分钟的笔状态，1 分钟的笔状态的可能导致 5 分钟笔状态的改变，就是一种未病的状态。例如，对于 5 分钟的（1，1），1 分钟出现（1，0）是一个小的警告，但这个警告如果只出现在一个 5 分钟的 K 线里，那么不足以破坏 5 分钟的结构，所以这个警告不会造成实质的影响，但如果这个 1 分钟的（1，0）被确认了，那么一个重要的警告就成立了，这就是将向"欲病"发展了。但这个 1 分钟的（-1，1）出现并导致 5 分钟的（1，0）在形成中，就是一个"欲病"向"已病"发展了。当 5 分钟的（1，0）也确认向（-1，1）发展时，就确认"已病"了。

这种分析，同样可以应用在日线与周线的关系上。（1，0）或（-1，0）之后的两种情况：（1，1）、（-1，1）两种可能。

变量一：1代表向上的笔，-1代表向下的笔。

变量二：0代表分型构造中，1代表分型确认延伸为笔的过程中。

（1）最恶劣：周线（-1，1）；日线（-1，1），高手也不要参与。

（2）次恶劣：周线（-1，1）；日线（-1，0），高手可参与。

（3）再次恶劣：周线（-1，0）；日线（-1，1），高手可参与。

（4）最次恶劣：周线（-1，0）；日线（-1，0），可能发生转机，值得参与。买后参考 1F、5F、30F 操作即可。

（5）最安全的状态：周线（1，1），日线（1，1），放心持有等待顶分出现。

1F（1，0）警告，（-1，1）"欲病"，导致 5F（1，0）向"已病"发展，5F（-1，1）"已病"。

5F（1，0）警告，（-1，1）"欲病"，导致 30F（1，0）向"已病"发展，30F（-1，1）"已病"。

30F（1，0）警告，（-1，1）"欲病"，导致日线（1，0）向"已病"发展，日线（-1，1）"已病"。

三、震荡市"T+0"降低持仓成本的方法

目前的股市可以说赚钱效应大幅降低，不会波段操作把握个股机会的投资者，就很难获取利润的最大化，那么在这种震荡市中如果有效的低风险的操作，缠论认为最佳的操作方法莫过于利用自己手中筹码做"T+0"操作。

什么叫 T + 0？简单理解就是对投资者手中持有的股票进行滚动操作，降低成本，吸筹，特别适合弱势的震荡行情下，手中股票处于被套状态或者说想获得盘中差价，就可以利用 T + 0 无成本、无风险的操作方法。

震荡市中，我们在"T + 1"交易制度下，是可以用好、用足手中筹码做"T + 0"交易的。方法如下：

（1）利用手里股票、现金，借助盘中的波动，做"T + 0"。当日买入手中已经持有的股票品种，数量与原有同一品种的数量相同，也可不同，待其涨到一定高度之后，将原有的同一品种全部或者部分卖出，从而实现当日的低买高卖、获取差价。实施这一操作，一般有下列益处：

如果原有品种是套牢的，则可以通过这一操作，吃到盘中的差价，争取早日降低成本，早日解套，甚至反败为胜。毕竟，假定按照一比一做"T + 0"操作的话，操作成功之后，筹码还是那么多，但是账面上现金增加了，等于持有筹码的成本降低了，否则，一味死捂、被动等待，往往不知要等到猴年马月，被动解套不如主动解套。

如果不是套牢盘，而是获利盘，则双倍筹码的话，涨升中当天可能带来双倍的获利。

但是，具体操作中，需要注意下列事项：

要求判断股市当日以及该股当日能否收出阳线，或者该股当日能否盘中创出高点。往往前市 30 分钟的大盘走势，如果第 30 分钟处于前 30 分钟最高点的话，有利于利用盘中回荡做"T + 0"操作。

要注意盘中同一板块是否有领头羊出现，这是比较确定的下手机会。如果有领头羊出现，并且领头羊冲击涨停板的话，则自己的同板块股票上，可能出现跟风性质的冲高动作，可以借此机会，即时介入、滞涨即走。

介入之后，注意同板块的领头羊能否封涨停板，如果不能，则一旦领头羊掉头，则跟风盘上的、用于"T + 0"操作的原有筹码，毫不犹豫即时出局，以便保住几毛钱或者以上的短线获利，否则，出局不及时的话，跟风盘上的、用于"T+0"操作的新增筹码，有短线被黏被套的危险。

（2）利用手中已有筹码，做"倒T+0"，也即"拔档子"。一般用于中高位出现重大利空的时候。因为，即使是套牢筹码和长线看好的品种，一旦在大盘遭遇重大利空的时候，尤其是股指、股价处于中高位的时候，往往可能出现中阴线甚至长阴线的下跌机会。这时，即时逢高抛出，在股指、股价企稳之后逢低吸纳，则同一品种、高卖低买的话，可以吃到"倒差价"，从而达到筹码数量不变、账上现金增加的效果，或者达到总账不变、账上股票数量增加的目的，毕竟高位卖出之后，同样的钱低位可以买更多数量的同一股票。"倒T+0"，也即"拔档子"一般适用于上升途中的整理、洗盘的过程，不适用于大熊市。大熊市一般要空仓、长时间等待。

四、震荡市做 T+0 的绝技

"T+0"操作技巧根据操作的方向，可以分为顺向的"T+0"操作和逆向的"T+0"操作两种；根据获利还是被套时期实施"T+0"操作的可以分为解套型"T+0"操作和追加利润型"T+0"操作。

1. 顺向"T+0"操作的具体方法

（1）当投资者持有一定数量的股票被套后，某天该股严重超跌或低开，可以趁这个机会，买入同一股票的同等或不同等数量，待其涨升到一定高度（一般是3%左右）之后，将原来被套的同一品种的股票全部卖出，从而在同一个交易日内实现低买高卖，来获取差价利润或解套。

（2）当投资者持有一定数量的股票被套后，即使没有严重超跌或低开，当该股在盘中表现出明显的上升趋势时，可以趁这个机会，买入同一股票的同等或不同等数量，待其涨升到一定高度（一般是3%左右）之后，将原来被套的同一品种的股票全部卖出，从而在一个交易日内实现平买高卖，来获取差价利润。

（3）当投资者持有的股票没有被套牢，而是已经盈利时，如果投资者认为该股仍有上升空间，便可使用"T+0"操作。这样可以在大幅涨升的当天通过购买双倍筹码来获取双倍的收益，从而争取利润的最大化，如图 2-1 所示。

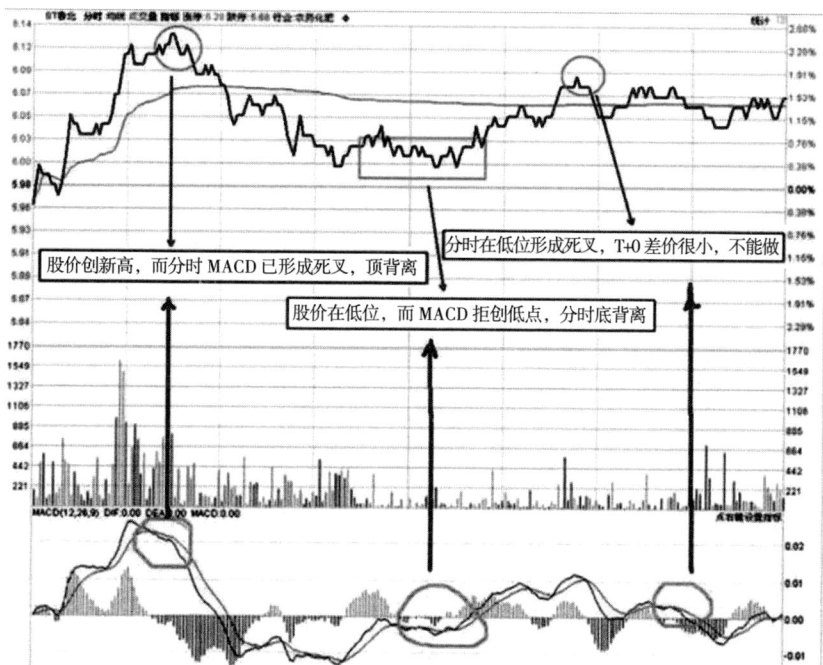

图 2-1 获取差价利润

2. 逆向 "T + 0" 操作的具体方法

逆向 "T + 0" 操作技巧与顺向 "T + 0" 操作技巧极为相似，都是利用手中的原有筹码实现盘中交易，两者唯一的区别在于：顺向 "T + 0" 操作是先买后卖，逆向 "T + 0" 操作是先卖后买。顺向 "T + 0" 操作需要投资者手中必须持有部分现金，如果投资者满仓被套，则无法实施此种交易方法；而逆向 "T + 0" 操作则不需要投资者仓中持有现金，即使投资者满仓被套也可以实施交易。具体操作方法如下：

（1）当投资者持有一定数量的股票被套后，某天该股受突发利好消息刺激，股价大幅高开或急速上冲，可以趁这个机会，眼明手快地先将手中被套的筹码卖出，待股价结束快速上涨并出现一定幅度的回落之后，将原来抛出的同一品种的股票再全部买进，从而在同一个交易日内实现高卖低买，来获取差价利润。

（2）当投资者持有一定数量的股票被套后，如果该股没有出现因为利好而高开的走势，但当该股在盘中表现出明显的下跌趋势时，可以趁这个机会，先将手中被套的筹码卖出，然后在较低的价位再买入同一股票的同等数量，从而在同一个交易日内实现平卖低买，来获取差价利润。这种方法只适合于盘中短期仍有下跌趋势的个股。对于下跌空间较大，长期下跌趋势明显的个股，仍然以止损操作为主，不宜再盲目抄底。

（3）当投资者持有的股票没有被套牢，而是已经盈利时，如果股价上冲过快，由于受到获利盘和解套盘的双重抛压，也会导致出现正常的回落走势。投资者可以趁其上冲过急时，先卖出获利筹码，待股价出现恢复性下跌时再买回。通过盘中"T+0"操作，从而争取利润的最大化，如图 2-2 所示。

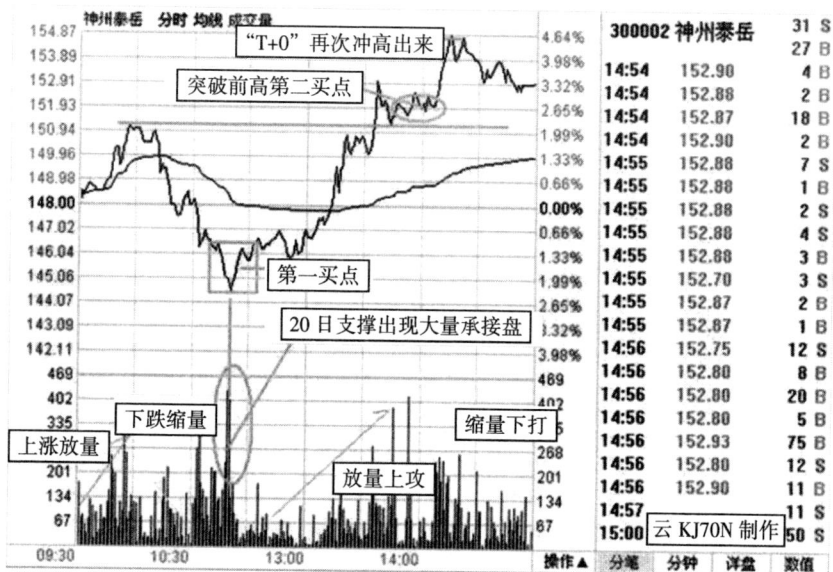

图 2-2　第一买点上下

五、震荡市中做 T 的操作原则和选股方法

1. 震荡市中做 T 的操作原则

（1）窄幅宽幅震荡两手准备。

在窄幅震荡市中选股，不能计较一时的得失，要从中长线的角度出发，而宽幅震荡的投资策略则恰恰相反，高抛低吸成为主要手法。

（2）减少持股品种。

震荡行情中选择股票要尽量减少持股的品种，选股要少而精；否则，在趋势不明朗的震荡市中，如果持股种类过多过杂，一旦遭遇突发事件，将会严重影响投资者的应变效率。

（3）一类人不适合频繁操作。

对于缺乏经验或投资风格较为稳健、不具备及时应变能力和时间的投资者来说，必须减少操作频率，耐心等待趋势的最终明朗。

（4）仓位要灵活。

震荡市其实是大盘涨跌的过渡阶段，要么是由跌势经过震荡市而转涨，要么是由涨势经过震荡市而转跌，因此对于震荡市要分清是属于哪种情况，然后从战略上采取不同的策略：大盘持续上涨之后筑顶的震荡市中要逐步降低仓位，大盘持续下跌之后筑底的震荡市中要逐步加重仓位。

2. 震荡市中如何选择个股

根据过去的分时图观察震荡区间，了解盘手习惯，要求股价波动率至少达到3%以上，有量，股性活跃的好做，否则空间太小，真心没法做。

（1）炒小不炒大。

一般来讲，流通市值在 100 亿元以下的小盘股，价格合适的股票，庄家易于控盘。历史上看，凡是震荡市中翻倍的大黑马基本都是小盘股，而震荡市中的大盘股通常难以表现。

（2）必须是量比较大的个股。

通常在震荡市中市场成交量普遍偏小，个股量比越大，说明当天资金进入越明显，该股的上升得到了成交量的支持，而不是主力靠尾盘急拉等投机取巧的手法来拉高完成的。

（3）有超强联动性的个股。

在震荡市中热点轮动速度较快，而前三名的个股一般冲击力较强，而后面的个股的反弹经常夭折，因此要紧盯率先启动的个股。

看大盘、看板块联动、看关联个股。个股往往受到大盘、板块和板块龙头的分时影响，而少数个股之间会有超强的联动性。例如，联动的股票动了，你的股可能也要动；或者大盘开始发力了，你的股还没动，可能就要动了；或者大盘跳水了，你的股还没跳，可能就快跳了。

六、震荡市的形态和操作思路

所谓震荡市是指市场在一段时期内多空力量平衡胶着，涨不上去，但也跌不下来，在一个相对的区间内上下震荡。震荡市往往是市场经过一波上涨或者一波下跌后出现的一种震荡整理形态。

1. 按震荡市在整个市场中出现的位置

其具体位置可以用图 2-3 表示。

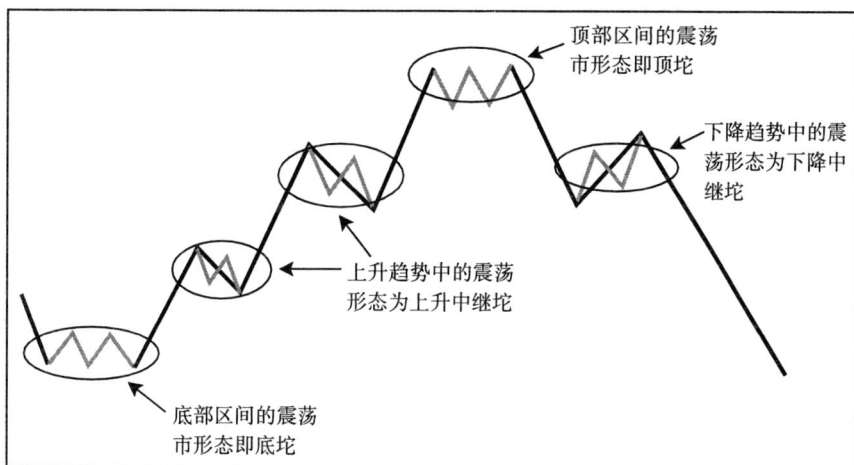

图 2-3 多空力量平衡胶着

（1）震荡市一般出现在上升过程或下降过程的中继位。

（2）底部与顶部也会出现震荡市行情，但按震荡市原有方向来划分，把底部震荡归类为下降过程中的震荡市。

与正常的下降震荡市不同之处在于，震荡后并没有破位创新低，而是突破震荡上轨向上推进；把顶部震荡市归类为上升过程中的震荡市，其与正常的上升震荡市不同之处在于，其震荡后并没有继续向上创出新高，而是跌破震荡的下轨支撑向下运行。

2. 支撑压力位的临界研判

（1）碰撤穿压。

①在上升趋势的震荡市中，在碰到上轨压力时反转向下卖出，在撤回下轨支撑反转向上时买入。

②当股价向上突破上轨压力时，为买入点位。最好突破压力位3%，且3天内站稳该压力位。

③当股价向上突破压力位后，回压不破该压力位，反转向上即为买入时机。

④在每一次买入时最好成交量明显放大，得到量能的验证，同时各项技术指标走好，则可靠性更高，如图2-4所示。

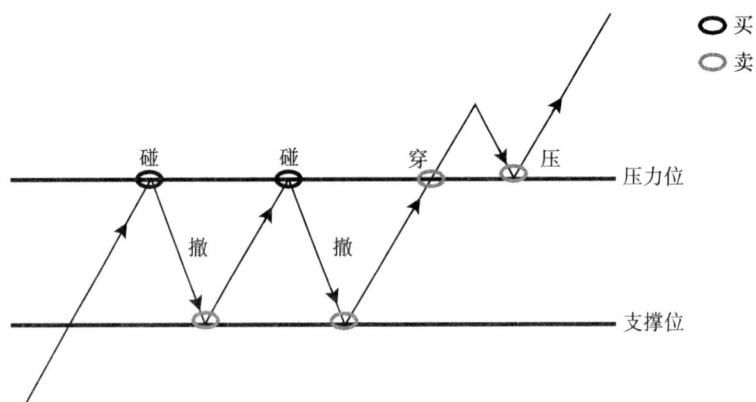

图2-4 压力位，支撑位

（2）碰撤穿抽。

①在下降趋势的震荡市中，股价一直在上下轨压力与支撑之间做碰撤运行。在碰到上轨压力时反转向下卖出，在撤回下轨支撑反转向上时买入。

②在正常情况下，当股价碰到上轨压力反转向下时，即为卖出第一时机，如果没有及时卖出，则当股价跌破下轨支撑时为第二卖出时机；

如果依然没有及时卖出，则当股价反抽支撑位（此时已经转变为压力位）向下反转下跌时即为第三卖出时机。

③跌破下轨的标准和突破上轨的标准相同，即跌破下 3%，且 3 天内不能重新站上下轨即视为跌破有效。

④在每一次买入时最好成交量明显放大，得到量能的验证，同时各顶技术指标走好，则可靠性更高。

⑤碰撤穿抽技术形态往往出现在下降趋势的震荡整理中，而一旦股价上穿原压力位并放量涨则形成底部形态，即底部震荡市，如图 2-5 所示。

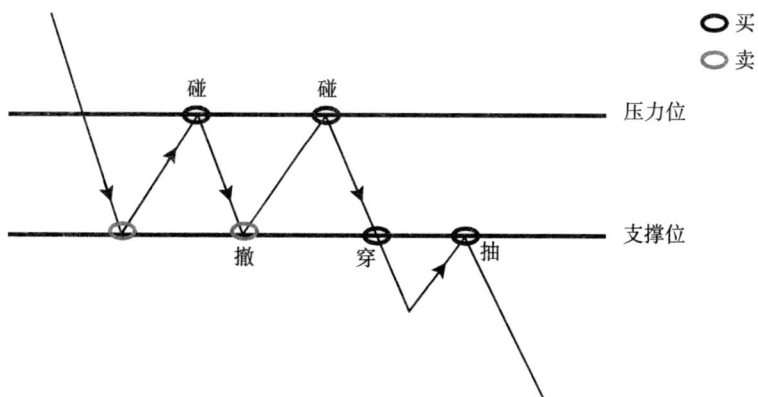

图 2-5　小反弹后大跌

3. 震荡市波段实战

在震荡市中，有经验的投资者完全可采用波段操作的方法，跌了就买，涨了就卖。

600814 杭州解百，如图 2-6 所示。

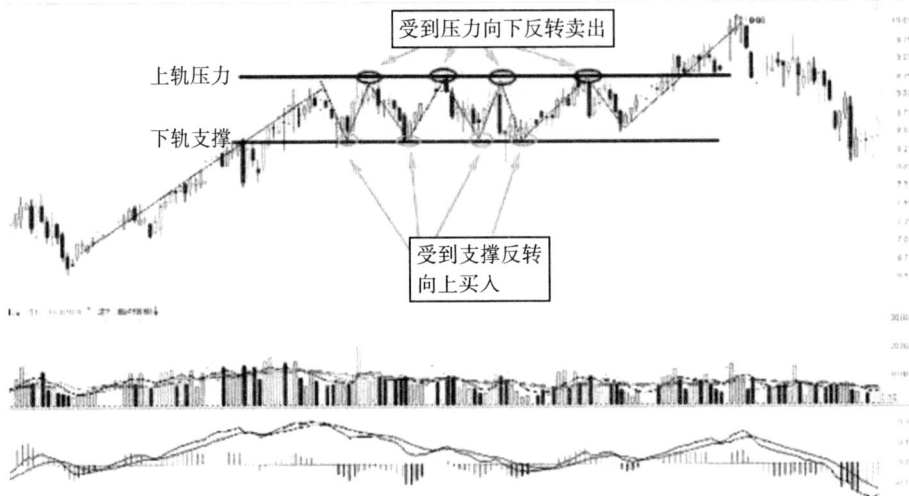

图 2-6　受到压力向下卖出

600853 龙建股份，如图 2-7 所示。

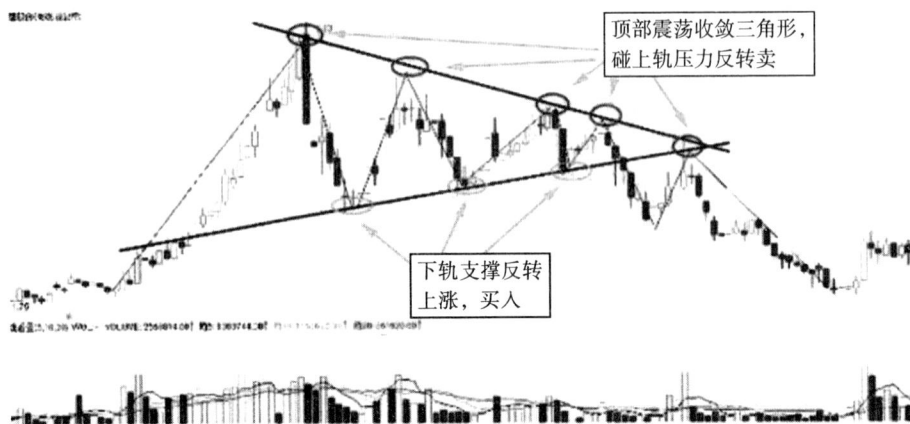

图 2-7　最高价下行

600818 中路股份，如图 2-8 所示。

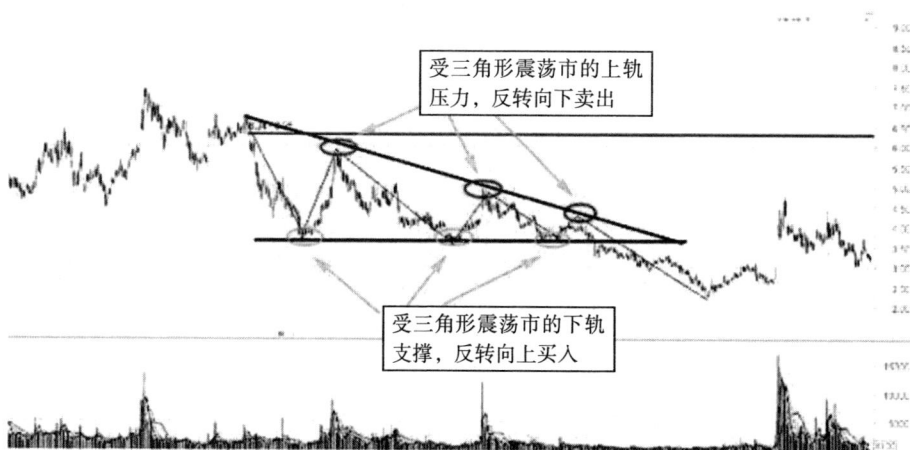

图 2-8　中路股份（600818）

600825 新华传媒，如图 2-9 所示。

图 2-9　新华传媒（600825）

第三章　缠中说禅 T+0 战法 3：中枢形态差价操作

一、缠中说禅的中枢震荡买卖法

中枢震荡盈利是利用 T 来降低成本的。中枢之上卖出，中枢之下买入，然而交易者必须要掌握中枢之下的三卖和中枢之上的三买，否则的话得不偿失；例如，上方卖了形成三买，又没有买回，就失去了赚钱的机会，只能等到下一个机会了；中枢下方买入，形成三卖没有卖，结果赔钱了。

中枢上移盈利法，就是在中枢上移，满仓就是最大的盈利。

缠论的最大利润盈利方法，也是非常好的学习方法。

关键在于提高这种精度。那么，如何把握？

（1）在次级别中运用一买；

（2）运用小级别的同构型判断高低点。

这一切围绕的就是当下中枢的位置进行操作。

这将会产生三种情况：一是当下在该中枢里；二是当下在该中枢的下方；三是当下在该中枢的上方。如图 3-1 所示。

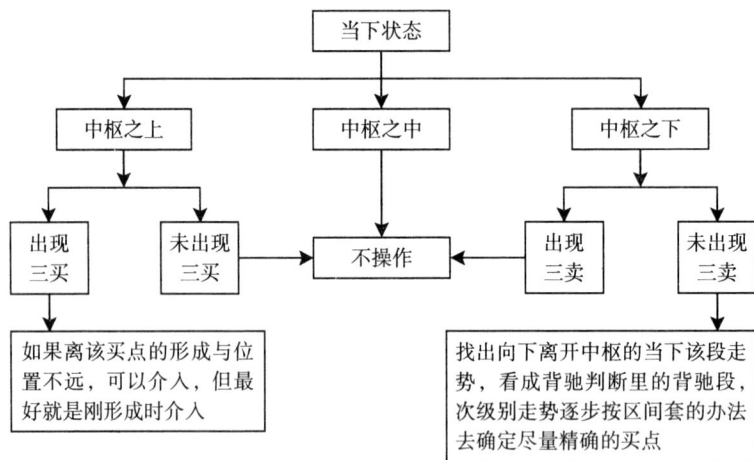

图 3-1　在当下中枢的位置进行操作

　　第一种情况，在该中枢里，这个中枢在延伸中，由于在中枢里，此时如何演变都是对的，不操作就是最好的操作。不过，假如技术很好，能够判断出次级别的第二类买点，这些买点大多数情况下都是在中枢中形成的，那就应该参与；假如没有这种技术，那就不要参与。只要把握自己当下技术水平，才能抓住机会，这是最重要的。

　　第二种情况，当下在该中枢之下。

　　（1）当下之前没有形成该中枢第三类卖点。

　　因为中枢震荡仍然继续，所以，先找出这个中枢前面震荡的某段，与它运用类似背驰比较力度的方法，应用 MACD 来作辅助判断，找出往下脱离中枢的当下该段走势，当作背驰判断里的背驰段，接着再依据该段走势的次级别走势逐步按区间套的办法去确定准确的买点。必须注意：用来比较的某段，最标准的情况就是前面最近往下的，通常情况下，中枢震荡都是逐渐收敛的，假如继续是中枢震荡，其后的往下离开力度必然比前一个小。不过，还有些很特殊的中枢震荡，会产生扩张的情况，则是比前一个的力度还要大，然而这并不一定就会破坏中枢震荡，最终产生第三类卖点。通常来说，此情况，运用各种图形分解与盘整背驰的方法就能够解决。

（2）当下之前已形成该中枢第三类卖点，正在形成也包括在这种情况下，按照严格的定义，最准确的卖点，是刹那间完成的，而有着操作意义的第三类卖点，实际上就是一个包含该最准确卖点的非常小区间。

因为这个中枢已经结束，所以就去分析包含该第三类卖点的次级别走势类型的完成，运用背驰的方法来确定买点。不过，还有更简单的办法，则是不参与这种走势，由于后面只能是出现一个新的下跌中枢或者转变成一个更大级别的中枢，这完全能够等待这些完成之后，再依据那时的走势来决定介入时机。这样很可能就会错失一些大的反弹，但不必参与操作级别及以上级别的下跌与超过操作级别的盘整，这种习惯应该养成。

第三种情况，当下在该中枢的上方。

（1）当下之前没有形成该中枢第三类买点。此时没有合适的买点，应该等待。

（2）当下之前已形成该中枢第三类买点。

假如离该买点的形成与位置不远，能够介入，最好就是刚刚形成的时候介入，如果一旦从该买点开始已形成次级别走势的完成并产生盘整顶背驰，其后就应当等待，由于其后将是一个大级别盘整的出现，根据上面的习惯，不要参与，等着这个盘整结束再说。不过，假如整个市场都找不到值得介入的，而又期望操作，则可以依据这些大点级别的中枢震荡来进行操作，这样也能够得到安全的收益。

对于一个中枢而言，很有价值的买点就是它的第三类买点以及中枢往下震荡力度形成背驰的买点。前者，最坏的情况就是形成更大级别的中枢，这可以运用后面走势是否形成盘整背驰来决定是否卖出，一旦不产生这种情况，就意味着一个往上走势去构成新中枢的过程，此过程一定是最能获利的。至于后者，就是围绕中枢震荡差价的过程，这是降低成本和增加筹码的。

应该注意的是，大多数人不了解怎么去弄差价，好像所有机会都能够去弄。然而若从最严格的机械化操作意义上来讲，只有围绕操作级别中枢震荡的差价才是最安全的，由于一定能够做出来，并且完全不会丢失筹码。在成本为零后的挣筹码操作中道理是相同的。换言之，在确定了买卖级别之后，该中枢完成后的往上移动时的差价是不能做的，中枢往上移动的时候，就必须满仓，这才是最正确的仓位。但在围绕中枢差价的时候，在中枢之上仓位减少，在中枢之下仓位增加。必须注意：前提条件就是中枢震荡仍然继续，一旦形成第三类卖点，就不能回补了，运用中枢震荡力度判断的方法，完全能够避开后面可能出现第三类卖点的震荡。

那么，若这个中枢完成的往上移动形成背驰，就要将所有筹码卖出，由于该级别的走势类型完成，就要等待下一个买点了。假如不背驰，那么就意味着会形成一个新的中枢。必须注意：小级别转大级别并不太复杂，同样可以当作一个新中枢，只是这个中枢有可能与前面的重合，而趋势中是不可能形成的。这个中枢，就能够继续运用中枢震荡的方法来做短差，此后再继续中枢完成往上移动，一直到移动形成背驰，如图 3-2 所示。

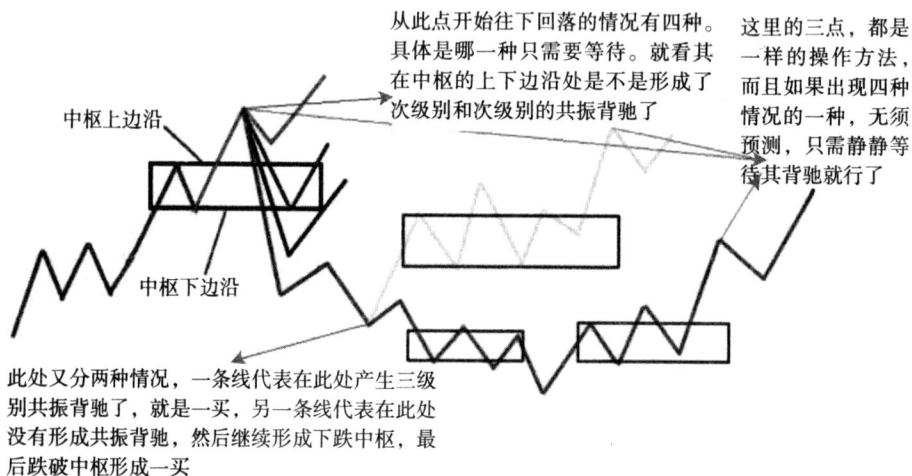

从此点开始往下回落的情况有四种。具体是哪一种只需要等待。就看其在中枢的上下边沿处是不是形成了次级别和次级别的共振背驰了

这里的三点，都是一样的操作方法，而且如果出现四种情况的一种，无须预测，只需静静等待其背驰就行了

中枢上边沿

中枢下边沿

此处又分两种情况，一条线代表在此处产生三级别共振背驰了，就是一买，另一条线代表在此处没有形成共振背驰，然后继续形成下跌中枢，最后跌破中枢形成一买

图 3-2　移动形成背驰 1

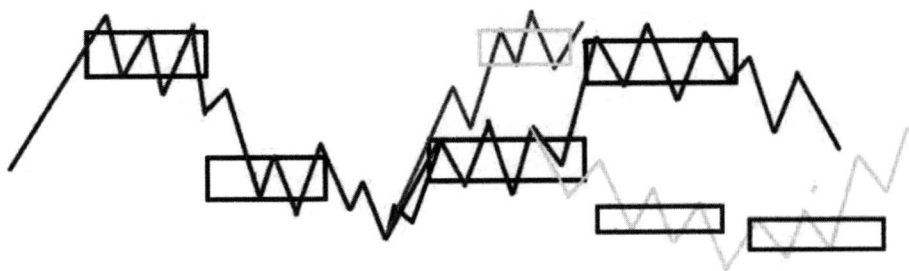

图 3-2　移动形成背驰 2

这种模式的关键只是参与确定操作级别的盘整和上涨，对盘整运用中枢震荡方法进行处理，保证成本降低和筹码不丢失，成本为零之后就是筹码增加，不过，对于小级别的操作，就不会出现成本为零的情况。在中枢第三类买点之后持股一直到新中枢形成继续中枢震荡操作，中途不能参与短差。最后在中枢完成的往上移动形成背驰后卖出所有筹码，完成一次这个级别的买卖操作，去等待下一个买点形成。

不过，还有一种方法是可以的，就是宁愿卖错了，也要严格按照方法来，最终就算技术判断能力再不好，卖错的概率也只是 50%，其后还有一个第三类买点能够让你重新买入；假如卖对了，那么每次的差价可能达到 10%以上，不要小看这中枢震荡的力量，中枢震荡运用好了，比所谓的黑马赚钱多并且安全，可操作的频率非常高，实际能产生的利润更大。

注意事项：

中枢震荡中出现的类似盘整背驰的走势段，与中枢完成的向上移动出现的背驰段是不同的，两者分别在第三类买点的前后，在出现第三类买点之前，中枢未被破坏，当然有所谓的中枢震荡，其后，中枢已经完成就无所谓中枢震荡了，所以这个问题必须清楚，这是有严格区分的，不能搞糊涂了。

在中枢震荡中，本质上是应该全仓操作的，也就是在中枢上方全部抛出筹码，在下方如数接回，当然，这需要高的技术精度，如果对中枢震荡判断错误了，就有可能抛错了。所以对不熟练的投资者，可以不全仓操作。但这有一个风险，就是中枢震荡后，不一定就能出现第三类买点，可以直接出现第三类卖点就下跌，这在理论与实际中都是完全允许的。这样，如果在中枢震荡上方没完全走掉，那有部分筹码就可能需要在第三类卖点处走，从而影响总体利润。如果完全按照以上缠中说禅操作模式，就不存在这个问题了。至于能否达到缠中说禅操作模式的要求，是技术精度的问题，是需要在实际中磨炼的问题。

非固定操作品种：这是一种更激进的操作方法，就是不断换股，也就是不参与中枢震荡，只在第三类买点买入，一旦形成新中枢就退出。例如，操作级别是30分钟，那么中枢完成向上时一旦出现一个5分钟向下级别后，下一个向上的5分钟级别走势不能创新高或出现背驰或盘整背驰，那么一定要抛出，为什么呢？因为后面一定会出现一个新的30分钟中枢，用这种方法，往往会抛在该级别向上走势的最高点区间。当然，实际上能否达到，那是技术精度的问题，是需要干多了才能干好的。

二、走势中枢震荡的判断

一般来说，在绝大多数时间里走势都是各级别的中枢震荡，因此，要想多盈利，就必须搞懂震荡怎样个走法。

中枢震荡实际上就是围绕某级别中枢形成的震荡，假如说中枢是"花"，那么中枢震荡的每一段则是"花瓣"。中枢震荡的结束最后以构成某级别的第三类买卖点而结束。处理好中枢震荡是我们应该面对的问题，而是否操作，那就与每个人的交易计划和能力有关了。

1. 各级别中枢震荡

（1）1F 中枢震荡。

围绕 1F 中枢的震荡通常有 5 段或者 7 段，前三段组成 1F 中枢，每一段的内部结构是：强势 a＋A＋b＋B＋c，弱势 a＋A＋b，其中 A、B 是类中枢。

（2）5F 中枢震荡。

一种就是由 1F 中枢扩展为 5F 中枢后震荡，另一种是三段重叠的 1F 走势产生 5F 中枢。前一种每段的内部结构同 1F 中枢震荡，后一种是 a＋A＋b，其中 A 是 1F 中枢。

（3）30F 中枢震荡。

通常为 5 段或者 7 段，如果有 9 段即扩展为日线中枢。内部结构是：强势 a'＋A'＋b'（a'、b'是含 1F 中枢的 1F 走势类型，A'是 5F 中枢），弱势 a＋A＋b（a、b 是 1F 以下级别类型，A 是 5F 中枢）。

（4）日线中枢震荡可以分解为以上三种类型的中枢震荡，操作的时候由 1F 级别按照顺序向高级别递推。

2. 中枢震荡的操作

（1）依照形态进行判断。

应该知道中枢的震荡中轴 Z（中枢区间的一半位置）、Zn（每一段震荡区间的一半位置），对于买而言，一个 Zn 在 Z 之下甚至在中枢区间之下的，介入的风险就非常大，也就是说，万一手脚不太麻利，很可能被堵死在交易通道中而不能顺利地完成震荡操作。

假如 Zn 缓慢待提高，而又没有力量突破中枢区间，就必须小心其中蕴藏的突然变盘风险，通常这种走势，都会形成所谓的上涨楔形之类的诱多图形；相反，形成下跌楔形的诱空图形。

此外，每一段震荡的走势类型极其重要，若是一个趋势类型，Zn 又形成相应的配合，就应该要注意变盘的产生，尤其是那种最后一个次级别中枢在中枢之外的，一旦下一个次级别走势在这个次级别中枢区间完成，震荡便会发生变盘。

与上布林通道的时间相结合，这样对震荡的变盘的掌握将有很高的预见性。

除了特殊的情况之外，Zn 的变动均是相对平滑的，所以，能够大概预估它的下一个区间，如果这样的话，当下震荡的低点或者高点，就能够大概计算出下一个震荡的高低点。

（2）依照背驰进行判断。

第一，与 MACD 相结合并对内部结构 a、b、c 力度做出比较。

第二，每段中枢震荡的最关键就是段内次级别中枢的第三类买卖点，构成第三类买点，那么必须往上发展，构成第三类卖点则往下发展。

第三，某级别中枢震荡的结束，就构成某级别中枢的第三类买卖点。某级别中枢高、低点是既要有效站稳，又不能有效跌破的点位。

第四，中枢震荡级别越小，要求技术就越高。技术不熟练的交易者可以只参与操作级别的中枢震荡，但不能低于 5F。

三、走势中枢定理

1. 缠论走势中枢

缠论对走势中枢做出了这样的定义：某级别走势类型中，被至少三个连续次级别走势类型所重叠的部分，被叫作缠论走势中枢。比如，图 3-3（a）是"下上下"型走势中枢；图 3-3（b）是"上下上"型走势中枢。

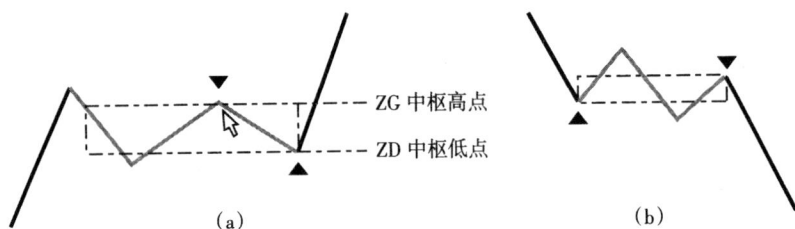

图 3-3　被至少三个连续次级别走势类型所重叠的部分

也就是说，缠论走势中枢则是至少由三个连续次级别走势类型重叠部分所组成。

具体的计算是以前三个连续次级别的重叠为准，严格的公式可以表示为：次级别的连续三个走势类型 A、B、C，它们高点、低点分别为 a1a2、 b1b2、 c1c2，那么中枢的区间就是 max（a2，b2，c2），min（a1，b1，c1）。而事实上用目测就行了。必须注意：次级别的前三个走势类型都完成的才能组成该级别的缠论走势中枢，完成的走势类型在次级别图上显然是根本不用再看次级别下面级别的图。

2. 缠论走势中枢定理一

在趋势中，连接两个同级别缠论走势中枢的一定是次级别以下级别的走势类型。

运用反证法来证明这个定理是非常简单的。

通过这个定理，我们可以得知：一是连接两相邻同级别走势中枢的，不一定是趋势，任何走势类型都有可能，最极端的则是跳空缺口后形成新的"走势中枢"；二是也不一定是次级别的，只要是次级别以下，譬如跳空缺口，则属于最低级别，若图上是日线、周线，则不会是次级别了；三是通常相连走势类型的级别越低，表示它的力度越大，这也就是为什么缺口在分析中有比较强技术含义的理论根据所在。

3. 缠论走势中枢定理二

在盘整中，不管是离开还是返回缠论走势中枢的走势类型一定是次级别以下的。

为此，对于"盘整的高低点是怎么构造的"问题，便有了答案：不管离开还是返回的走势类型是什么种类级别的，站在最低级别上来看，比如将 1 分钟图看作最低级别，则最后连接离开与返回走势类型连接处的最低级别图，只有两种可能：一是 3 根以上 1 分钟 K 线的来回重叠震荡后回头；二是 1 分钟 K 线无 3 根以上 K 线重叠的 V 形走势。至于第一种情况，这几根重叠 K 线最极端那根的极端位置，便形成了盘整中的高低点，通常来说，这种情况很少见；至于第二种情况，这个 V 形尖顶那根 K 线的极端位置便形成了盘整中的高低点，这种情况比较常见。这也是为什么真正的低点和高点总是盘中一闪而过的理论依据。

4. 缠论走势中枢定理三

某级别缠论走势中枢的破坏，当且仅当一个次级别走势离开该缠论走势中枢之后，随后的次级别回抽走势不重新回到该缠论走势中枢内。

该定理就是第三类买卖点产生的根据。其中的两个次级别走势的组合只有三种：趋势+盘整，趋势+反趋势，盘整+反趋势。

换言之，一个次级别的离开走势，可以是趋势或者盘整。为什么？

（1）假如是以一个次级别趋势的形式离开该中枢，那么其后的回抽可能是次级别的盘整或者反趋势。

（2）假如是以一个次级别盘整的形式离开该中枢，那么其后的回抽只能是次级别反趋势，不可能是次级别盘整类型，否则的话，便构成一个大级别的盘整类型，这就跟原中枢维持的前提相矛盾了。

必须注意：离开走势中枢与回抽的两段走势，全都是次级别的，这两个走势中也会有中枢，而其中枢与我们所研究的这个走势中枢的级别是不一样的，后者更高级。

其中的趋势可以分为上涨和下跌，它们分别表示从上方突破和下方跌破两种情况。从实用的角度来看，最强有力的破坏就是：趋势+盘整。比如，在上涨中，假设一个次级别走势向上突破后以一个盘整走势加以整理回抽，则随后的上涨通常比较有力，尤其是这种突破是在底部区间。此种情况非常常见，它的理论根据就在于此。

最后应该注意的是：

缠论中枢形成后随后的走势有两种情况：一是这个走势中枢的延伸；二是形成新的同级别走势中枢。但在趋势中，同级别的前后缠论走势中枢是不能有任何重叠的，这包括所有围绕走势中枢形成的任何瞬间波动之间的重叠。假如形成重叠，那就不能认为这个走势类型是趋势，而是形成一个更大级别的缠论走势中枢。为此，应当将两种情况严格区分：一是走势中枢和其延伸。这种情况下一切围绕走势中枢产生的前后两个次级别波动都必须至少有一个触及走势中枢。二是一个走势中枢完成之前，它的波动触及上一个走势中枢或者延伸的某个瞬间波动区间，从而形成更大级别的走势中枢。

四、中枢的形态

缠论说过的中枢形态主要有三种，分别是平台型、三角形型和奔走型，而平台型包括矩形、旗形，三角形型包括压缩、扩散，奔走型则是顺势平台型。

中枢区间与中枢震荡区间之间的关系，也就是中枢形态的紧密性，大概就是中枢具备的能量，缠论运用星球吸引作为例子来说明：大体积星球对离开的引力明显比较小体积星球对离开的引力要大，大质量星球对离开的引力明显比较小质量星球对离开的引力要大；然而，存在大体积小质量与小体积大质量的情况，假设用质量表示级别，则体积就是形态的紧密程度，对于相同体积而质量不一样的星球，必须是小体积的引力更大。

由此，便解释了三角形通常就是趋势的最后一段，甚至三角形整理失败的情况，由于三角形整理往往表现为压缩三角，其中枢区间相对震荡区间，它的差值比较小，形态较为紧密，即使扩散三角，也是这样，只不过压缩方向不同而已。实际上，三角形整理通常是 5 段，也就是在同级别情况之下，它的运行时间更长，质量稍大一些，只是没有达到升级程度而已。

为此，波浪理论中所说的顺势平台，就是奔走型中枢，三段重合区间极小，而高高低低点区间极大，简单来说这个形态不紧密，这便解释了奔走型中枢通常发展为一个趋势的第一个中枢，根据波浪理论，则是要发展为趋势，向某一方向势头很猛，该整理浪是顺势的。

从本质上来看，中枢就是调整，对于上涨走势而言，中枢则是下跌调整；对于下跌走势而言，中枢则是反弹。

从形态上来看，中枢有 N 种基本表现形式，比如三角形型、奔走型以及扩张型等，这些均属于形态学方面的内容。但在量能上，中枢的本质就是对过去走势的一个反向能量的堆积。为此必须注意：首先是对过去走势的一个反向能量，而中枢的扩展则是中枢级别的不断拉升，就是这个量能积累的作用效果。

总的来说，中枢完美的形态基本上有三大类型。

第一大类型：平台型中枢。其特点为最近两个高低点基本上一致；其心理含义就是平衡。如图 3-4 所示：

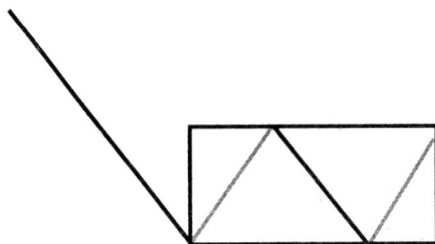

图 3-4　平台型中枢

第二大类型：顺势平台型中枢。其特点就是最近两个高低点依次顺势移动；其心理含义就是多方防守。如图 3-5 所示：

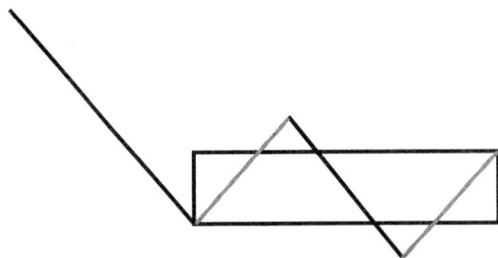

图 3-5　顺势平台型中枢

　　奔走型中枢，则是顺势平台型中枢的特例。其特点就是最近高点正好碰到 a 的低点，这则是最弱的一种 A 了；其心理含义就是空方进攻。如图 3-6 所示：

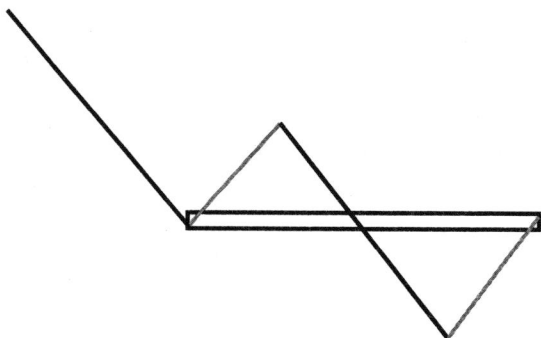

图 3-6　奔走型中枢

　　第三大类型：三角形型中枢。三角形型中枢可以分为三角放大型中枢与三角收敛型中枢两类。

　　（1）三角放大型中枢。

　　三角放大型中枢是极其常见的中枢。其心理含义就是多方强烈反击试探。所谓三角放大型中枢指的是结构一的前身，其心理含义只是多方强烈反击"试探"，必须注意的是有"试探"二字，如图 3-7 所示。

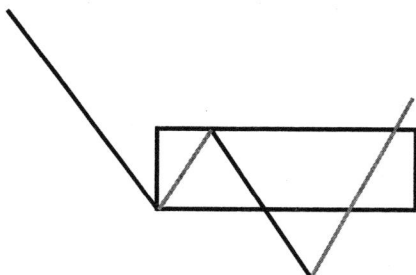

图 3-7　三角放大型中枢

　　（2）三角收敛型中枢。

　　三角收敛型中枢在盘下走势中极其少见。其特点就是最近两个高低点被前面的高低点包含了；其心理含义就是对抗趋向平衡。假如在趋势走势类型中，三角收敛型中枢通常出现在中枢 B，就要变盘了，如图 3-8 所示。

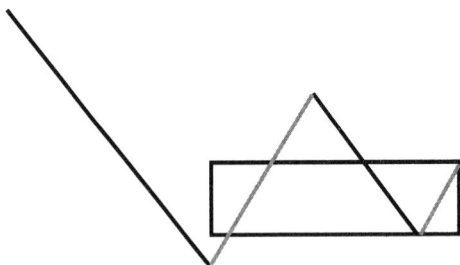

图 3-8　三角收敛型中枢

五、中枢判断基本方法

缠论的基本判断必须都是围绕中枢展开，如下是中枢判断的基本方法。

在图 3-9 中右侧图形的黄色方框则是一个中枢，假设我们当下的观察级别为 5 分钟图，那么 3 条 5 分钟线段重叠的部分就形成一个中枢，这个中枢的级别就是 5 分钟级别。

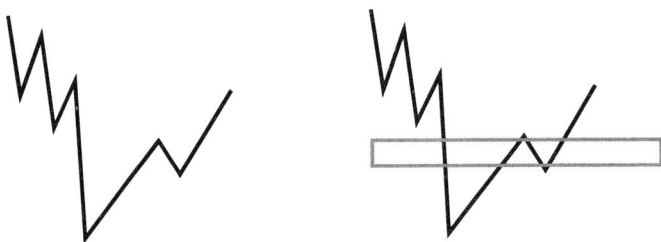

图 3-9　三条 5 分钟线段重叠的部分

在图 3-10 中的右侧图形是表示在一个中枢以后，有一个向上的线段脱离中枢，又有一个向下的线段回试并未回到中枢，最后形成一个新的中枢。这种在同一个方向，两个中枢依次排列并不重叠的走势结构称为"趋势"。趋势有向上与向下的区分，当下级别的趋势组成了高级别图形结构的一个线段。趋势则意味着方向的明确。趋势能够一直延续下去，便产生无数个中枢，然而很多情况下连续两个中枢之后就会有一些变化。

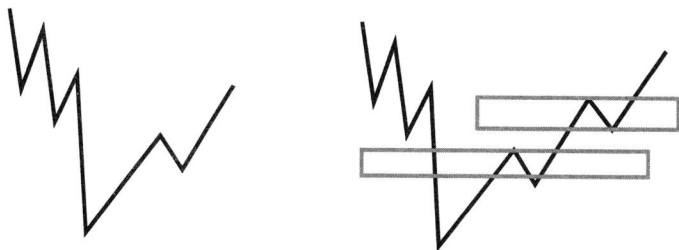

图 3-10　趋势能够一直延续下去

假如在一段图形结构中只有一个中枢，那么就形成了"盘整"。如图 3-11 所示，在左侧图形就是盘整，在右侧的图形中有一个向上的线段试图离开中枢，其后一个向下的线段又回到了前面的中枢区域，则这里还是一个中枢，仍然是"盘整"。盘整的方向性要比趋势差一些。在实战中盘整的情况通常是最难把握的。然而只要有基本的"上下上"结构，就能够对盘面做出分析。不就是进入更小的级别去看吗，但是，通常来说初期最好守住自己的操作级别不要乱动。

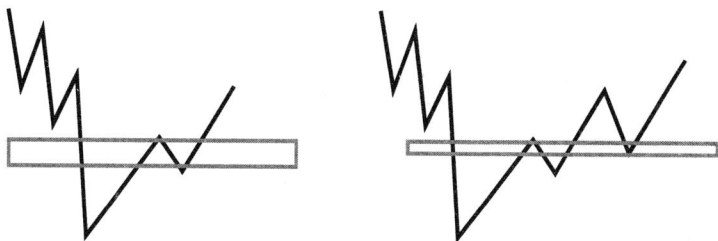

图 3-11　守住自己的操作级别不要乱动

六、中枢上下边沿的完全分类操作方法

所谓围绕中枢的震荡,就是看本级别的中枢上下边沿附近,其次级别的背驰段和次次级别的背驰点。

明白了这些,剩下的任务就是精选出几只个股,然后就是等待。等待其回到中枢上下边沿。如果是从上面回落到中枢的上边沿附近,那么就看其在此处是不是形成了次级别和次次级别的共振背驰。如果是,那就是三买;如果不是,那就继续等待其回落到中枢的下边沿附近。然后再看在此处能不能形成次级别和次次级别的共振背驰。如果能,那就是第二类买点;如果不能,那就继续等待其跌破中枢,然后再看此处能不能形成次级别和次次级别的共振背驰。如果能,就是一买;如果不能,那就继续等到其产生下一个中枢,然后继续中枢震荡的操作。

例如,如果操作级别是 30 分钟,那么只需要等待个股在中枢的下沿附近出现背驰买点就行了,卖的时候看中枢上边沿附近的背驰,如图 3-12 所示。

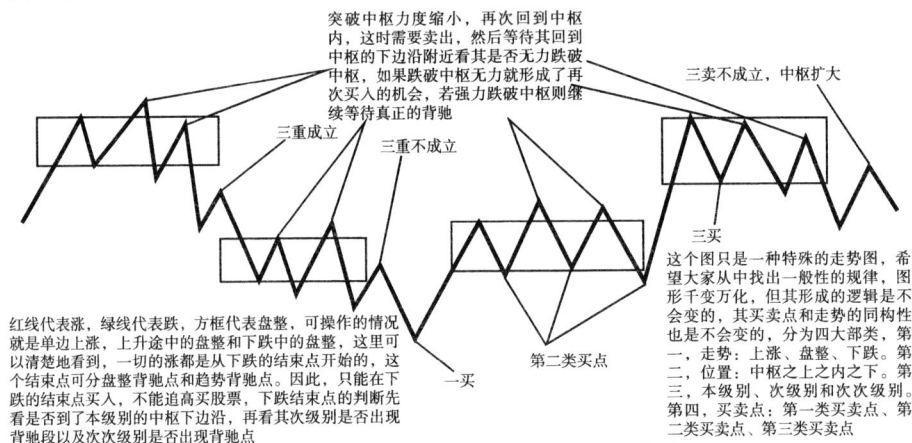

图 3-12 卖的时候看中枢上边沿附近的背驰

1. 中枢上下边沿的威力——以纳斯达克综合指数为例

看图 3-13，要反复地注意中枢上下边沿的精确压制和支撑，然后再研究背驰。在同级别操作中，只有在本级别中枢震荡的上下边沿的次级别背驰才是有效的。当然其精确的背驰点，就是次次级别了。

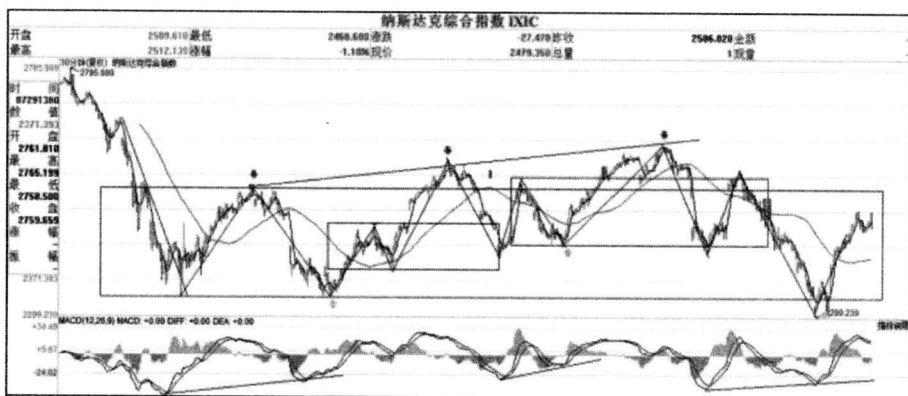

图 3-13　精确压制和支撑

大部分操作的失误，都是没有注意本级别中枢震荡的上下边沿导致的。

大多数都是在一个次级别的小小顶背驰把货卖了，结果不是大跌而是卖后就大幅上涨，就是因为其没有注意本级别中枢震荡的上边沿，或者是在一个次级别的小小底背驰进场，结果不是大涨而是再次下探造成被套，也是因为其没有注意本级别中枢震荡的下边沿。

所以，一定要注意，在次级别上买卖时，一定要密切关注其是不是到达本级别中枢震荡的上下边沿附近了。这个本级别中枢震荡的上下边沿，就彻底解决了一切在操作中出现的背了又背的问题。

试问：你用 1 分钟的时间搞背驰，是不是太贪了。一个 1 分钟的底背驰难道就应该有个 20% 的线段涨幅吗？真是偷心不死！1 分钟里，就应该背了又背，就应该让你踏空，就应该让你被套。不然要高级别的干什么呢？真的把本级别中枢震荡的上下边沿看准了，那次级别的背驰才真正的有效，那次次级别的精确背驰点才有效。

如果大家有兴趣，可以多找些指数和个股的图形，按照此种方法去分析，先从本级别 30 分钟和次级别 5 分钟开始画图。

2. 渐次递进操作方法的来源与说明

逐步的分级抵抗，就是缠论在实战中的真正利器。同时可以这样说，也是逐步的分级进攻。到这里，才能真正明白缠论的买卖点在现实中是怎么形成的，从而对缠师的现实逻辑能有更深刻的认识和理解。现实的买卖点就是在多空双方的逐步分级抵抗与进攻中产生的，由此也就会理解为什么缠论是多空双杀的了。这就是缠师的乾坤大挪移，而这分级抵抗与分级进攻的界限正是缠师说的各级别中枢，而这些各级别中枢的现实性当下运用就是中枢震荡的上下边沿及其附近的位置。

渐次递进操作方法如图 3-14 所示。

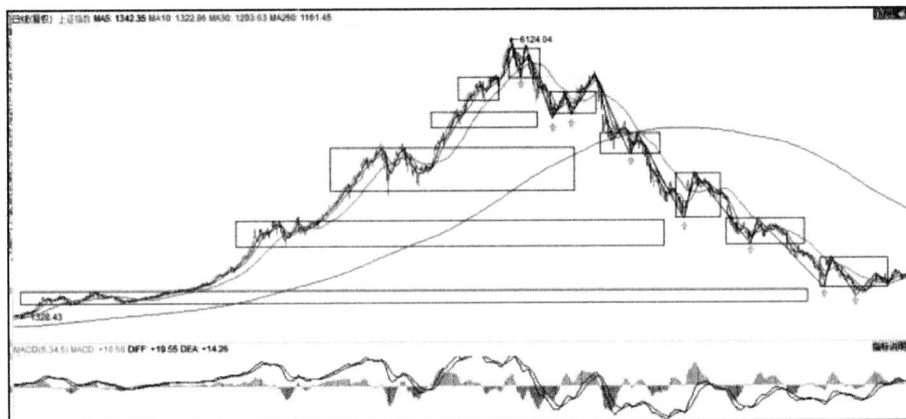

图 3-14　渐次递进操作

图 3-14 是上证指数日线图，也就是一波大牛然后一波大熊。

分析的时候，以 6124 点为中轴线，然后比较左侧的中枢上下边沿对于右侧的每一次反弹的支撑和压制性作用。

右侧的下跌，是渐次地打破左侧的中枢上下边沿而产生的。同时右侧的每一次反弹，也是在左侧的中枢上下边沿附近产生的。这样一种层层打破、层层反弹的交叉关系，就是渐次递进操作的基础。缠论不废一法，而这也是一法。

此图是日线图，但是其操作的模式在任何一个级别上都符合。这种方法，也是从不断地画图中观察到的。但是和普通的支撑位和压力位不同的是，这种方法是以缠论为基础的，是以完全分类思想为基础的。

3. 什么是建仓

所谓建仓，就是在一个底部区域构建一个长时间的大中枢，从而有效地进行吸筹。这个时期的个股行情就是强震荡。只有强震荡才能不断地打击短线客和浮筹，进而最大程度地降低持股的成本。而这样的强震荡过程，也就是一个个中枢的构建过程。这个有效中枢的最低级别是 30 分钟，然后 30 分钟中枢不断地延续，进而扩展至日线，甚至周线。这样一个由 30 分钟中枢扩展至日线和周线的中枢，就是一个底部建仓的大中枢。也只有这样的大中枢才能有效地支撑起日后的大行情。如今，就是打地基的时候，打得越深，用时越长，那么其后的行情越有爆发力和持久性。而在这一大中枢的构建过程中，我们的操作级别可以暂时定义为 30 分钟。你可以用 30 分钟的线段构成中枢，也可以用 30 分钟笔构成的中枢。然后根据这个构成的中枢，着重地关注其上下边沿位置。这两个位置，就如一个巨大的黑洞，那是必然的陷阱。而你所要做的就是，耐心地等待猎物不断地落入这样的陷阱之中，静静地等，屏住呼吸，一动不动地看着猎物不断地落入其中。打猎，就如打仗一样，一个中军主将，必然要不动如山，动如火掠，在刹那间出手，一举将敌人歼灭。

快进快出，手起刀落，招招见血，剑剑封喉。

七、缠中说禅日线三买的增值方法

对于日线中枢来说，次级别的是 30 分钟，而次级别的完成，需要再次级别，也当然是需要 5 分钟图上呈现的是三段走势类型；如果是一只股票，在周线或至少在日线上出现了第三类买点，那就一直持有等待相同级别或者至少是次级别的第一类买点出现，这样就相对简单了。

第三类买卖点相对于第一类、第二类要后知后觉，但是如果抓得好，那就不用浪费盘整的时间，所以比较适合于短线技术较好的资金。当然要注意：并不是任何回调回抽都是第三类买卖点，必须是第一次。

第三类买卖点之后，并不就是趋势，也有进入更大级别盘整的可能，但是这种卖之所以必然盈利，就是因为即使是盘整，也是会有高点出现的。操作策略虽然是简单的，一旦不能出现趋势，一定要在盘整的高点出掉，这就和第一类、第二类买点的策略是一样的。

日线第三类买单突破，是要有 20% 以上的涨幅，当然等 30 分钟背驰出来，换别的第三类买点的，这样来回几次，资金利用率就相对比较高了。一般来说按日线第三类买点进入的，只要你的资金不太大而且判断不出问题，离开也及时，而且够勤奋，每天都选好下一个可介入的品种，那么，1 个月内至少可以操作七八次，1 个月翻倍并不是太难的事情，当然，前提是你的资金不能太大，如图 3-15 所示。

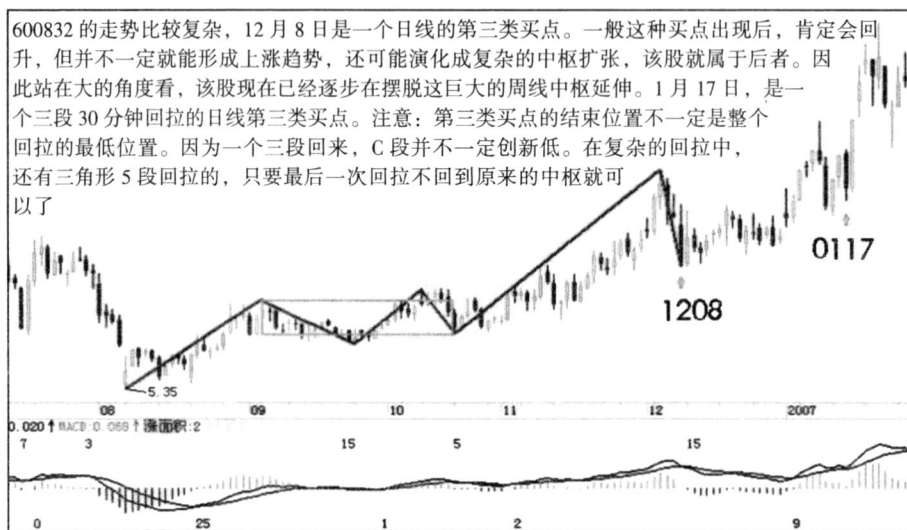

600832 的走势比较复杂，12 月 8 日是一个日线的第三类买点。一般这种买点出现后，肯定会回升，但并不一定就能形成上涨趋势，还可能演化成复杂的中枢扩张，该股就属于后者。因此站在大的角度看，该股现在已经逐步在摆脱这巨大的周线中枢延伸。1 月 17 日，是一个三段 30 分钟回拉的日线第三类买点。注意：第三类买点的结束位置不一定是整个回拉的最低位置。因为一个三段回来，C 段并不一定创新低。在复杂的回拉中，还有三角形 5 段回拉的，只要最后一次回拉不回到原来的中枢就可以了

图 3-15 这样来回几次

日线级别的第三类买点必须是有 30 分钟上明确的三段走势，当然是不可能在一天内就完成的，如果是在一天内完成的，那么只能说明它不是第三类买点，只是突破的第一段的中途休整。

在第一段的上涨行情中出现连续涨停的情况，即使当涨停打开，震荡结束，形成了一定级别的中枢之后，那也是还会有一段新的上涨，当然这个条件就是在大级别上形成背驰才能构成真正的调整。

因此，站在中线的角度，上面所说的超短线，其实意义并不太大，有能力就玩，没能力就算了，关键是要抓住大级别的调整，不参与其中，这才是最关键的。

看日线没必要去找 1 分钟的，因为在日线上是能够看出明显的三段的。如果在每一段的日 K 线中有三根或以上的 K 线重合，那这就是 30 分钟的走势。看次级别的背驰，就需要结合次级别的图，只有学会总结，你才能发现：这个次级别背驰才是第三类买点的确认。

如果离开中枢回抽的力度越小，那么在后面的期待就会越高，在形态上，可能是有一点复杂的。但是大家要明白：背驰就是背驰，没有假背驰存在，错了是因为你的判断出现误差，当然大部分投资者的错误都是发生在盘整背驰转化为第三类卖点给搞成背驰了。如果是这一关过去，那么你在运用缠论投资的路上就又上了一个水平。

针对超短线投资者，最好的就是下去形成第三类买点，为什么？因为上午还是原来中枢延续的，后面起来，下午一个第三买点确认，然后在 14 点后再拉起来。

中枢必须是次级别，回试也必须是次级别，单在中枢上有一个次级别的中枢并不能绝对保证安全，第三类买卖点后可以演化成更大级别的震荡，当然有可能两者的位置特别近，所以要选择大级别的操作，这样才有足够回旋的空间，如图 3-16 所示。

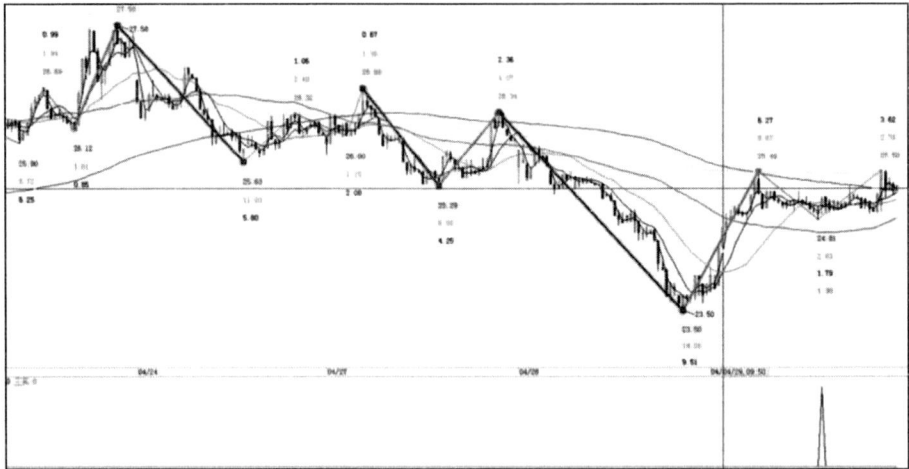

图 3-16　要选择大级别的操作

第四章 缠中说禅 T+0 战法 4：
利用分时图做 T+0

一、分时战法

分时战法即分钟战法，是用以确定一天当中最佳的介入点，避免高买低卖。这里主要以正常行情下为背景，将急拉涨停及大跌的极端行情走势暂且搁置。相信绝大多数人在交易的一天里都会在盘中看着分时走势，分时线的起起伏伏，牵动着人的心绪。究竟在哪里出手还是脱手呢？既然分时即代表分钟 K 线的连线，与其盯着分时线不如去看分钟图。日线的形态会在分钟里进行重演，而周线月线的走势在日线能够找到相似的影子，并且不同个股的形态可以相互反映，尤其是颇具典型的形态。既然是这样，完全可以从日常的分时图中找到较好的介入点。下面让我们来看一下个股（000715 非极端走势）的分钟图，如图 4-1 所示。

维维的日线形态在 000715 个股的分钟线里重演，当然同一只个股的分钟线与日线也会重演，这里选了一个较具代表性的形态，如图 4-2 和图 4-3 所示。

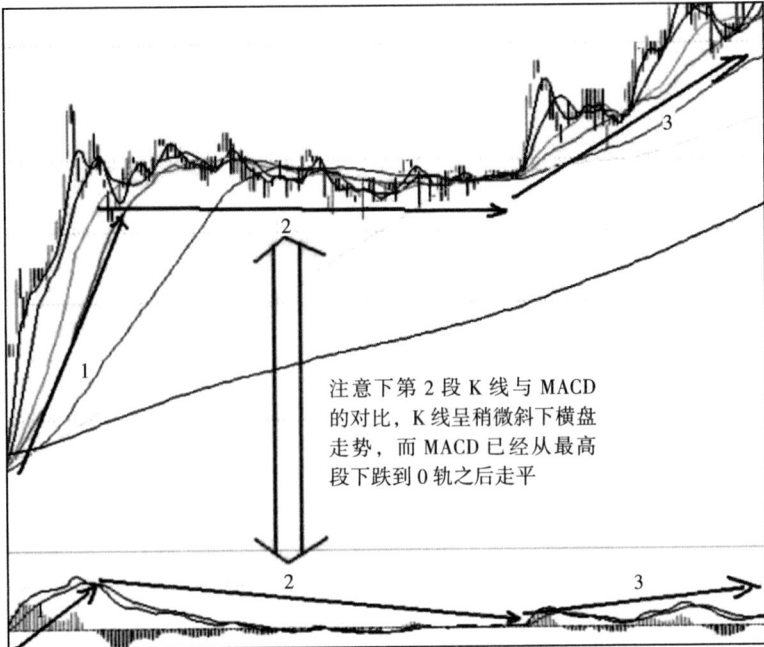

注意下第 2 段 K 线与 MACD 的对比，K 线呈稍微斜下横盘走势，而 MACD 已经从最高段下跌到 0 轨之后走平

图 4-1　形态上的背离，该跌不跌必涨

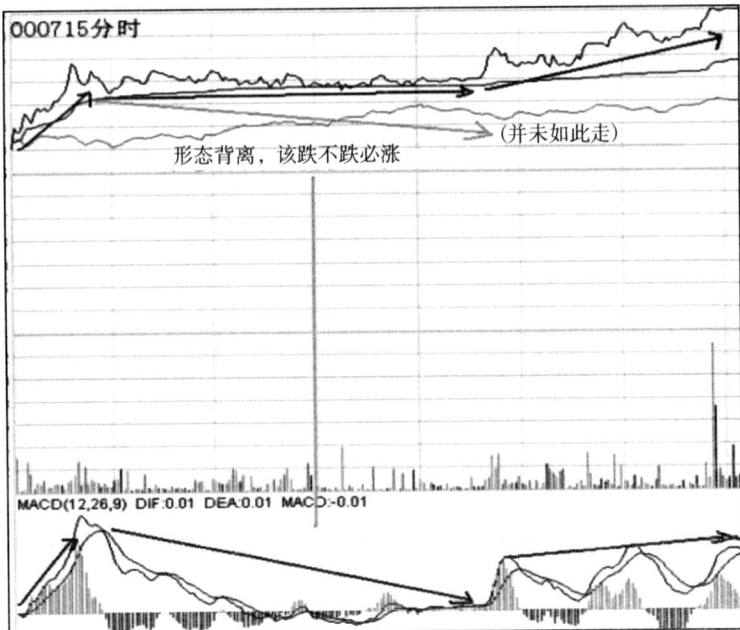

000715分时

形态背离，该跌不跌必涨

（并未如此走）

MACD(12,26,9) DIF:0.01 DEA:0.01 MACD:-0.01

图 4-2　（000715）分时线

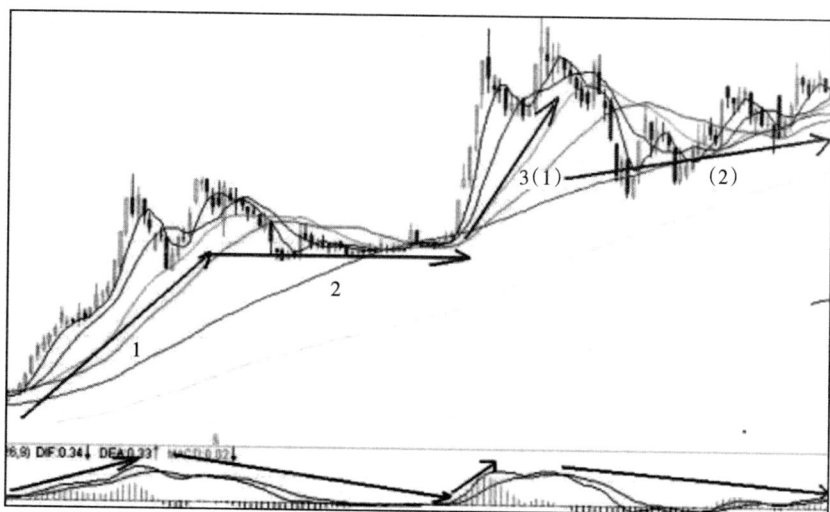

图 4-3　维维日 K 线形态

（000715）分时横盘不要急于出手，横盘过后就是上涨或下跌，而通过分钟级别走势来进行的判断，破位出，突破入。东风汽车 30F，白云山 30F 均是这个道理，如果白云山在 BOLL 中轨走平，走势会如图 4-4 所示。

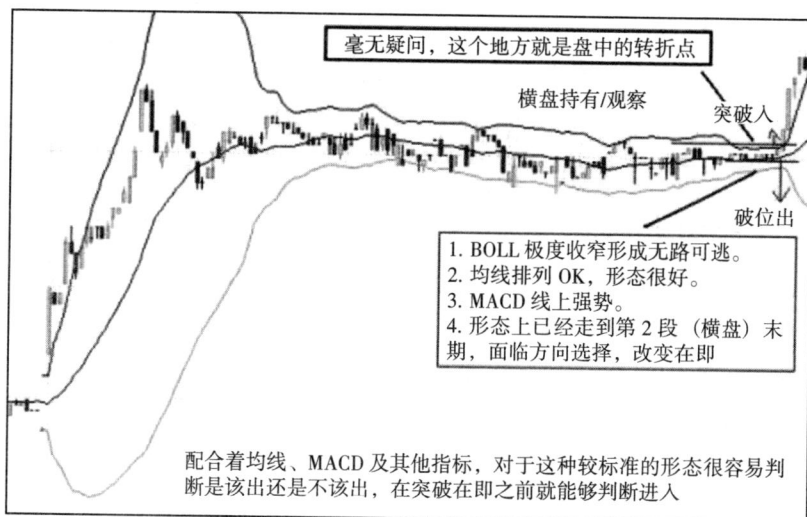

图 4-4　综合应用均线 MACD

带有 MACD 的分时图确实对看盘有直观上的帮助，至少不要在 MACD 的高点之上介入，如图 4-5 所示。

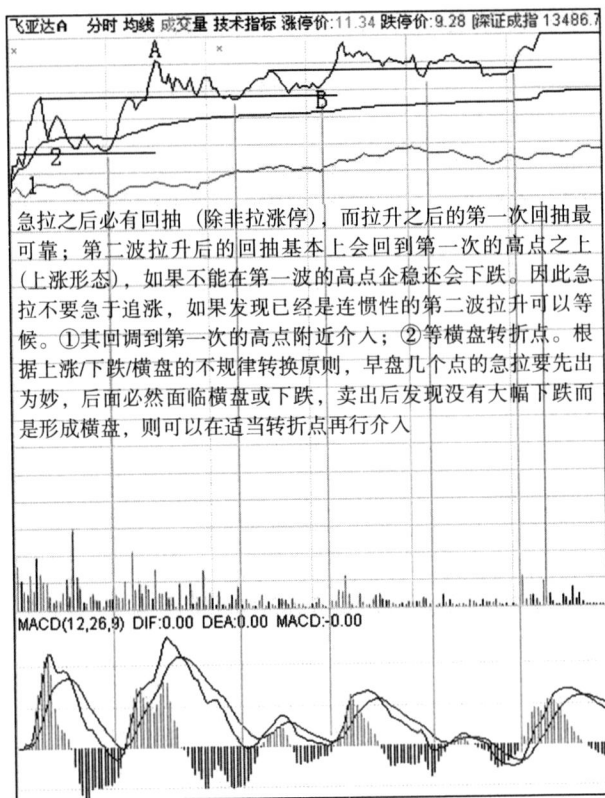

飞亚达A 分时 均线 成交量 技术指标 涨停价:11.34 跌停价:9.28 深证成指 13486.7

急拉之后必有回抽（除非拉涨停），而拉升之后的第一次回抽最可靠；第二波拉升后的回抽基本上会回到第一次的高点之上（上涨形态），如果不能在第一波的高点企稳还会下跌。因此急拉不要急于追涨，如果发现已经是连惯性的第二波拉升可以等候。①其回调到第一次的高点附近介入；②等横盘转折点。根据上涨/下跌/横盘的不规律转换原则，早盘几个点的急拉要先出为妙，后面必然面临横盘或下跌，卖出后发现没有大幅下跌而是形成横盘，则可以在适当转折点再行介入

MACD(12,26,9) DIF:0.00 DEA:0.00 MACD:-0.00

图 4-5　当天的最低价、最高价是唯一的

上面这些可不是马后炮，应用得当是完全可以实现有限的预知的，至少可以知道较佳的进/出点，而不会盲目行动。

所有股票的走势只有三种：上涨、横盘、下跌。通过不同的组合相似的样子进行周而复始，循环往复。但需要注意的是，实盘操作不要轻易以 1 分钟走势为依据，要知道全天有 240 个 1 分钟，240 个 K 线可以形成多个不同的走势组合。至少是 15F 级别以上的走势有效性才有保证，当然也要分时间点，如收盘前或博涨停则可以用 1F、5F，一般以 30F/

60F。分钟线还有一个好处，就是它的 K 线很多，当你发现某种熟悉的形态后，可以先观察着，用不同的分钟线进行逐渐验证，而日线等下一个 K 线就意味着一天又过去了，时间成本太高，尤为不利于短线操作，如图 4-6 所示。

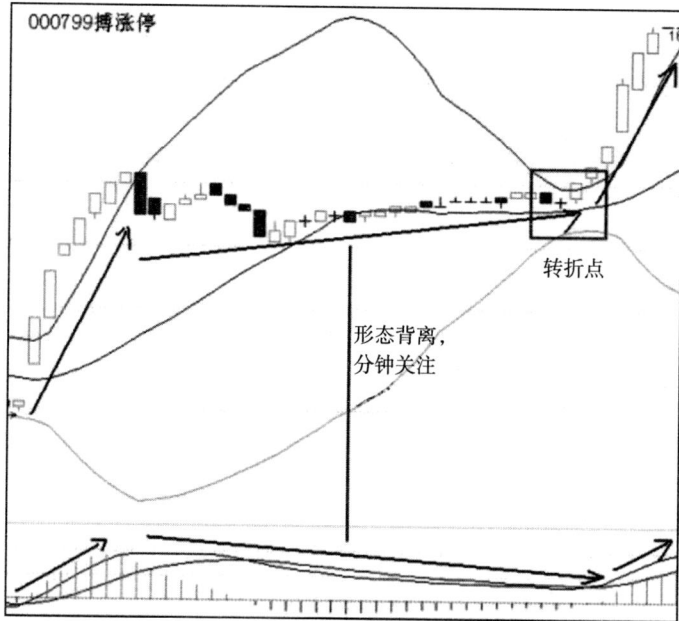

图 4-6　转折点启动上涨

二、缠中说禅在分时图上的应用

如图 4-7 所示：

第一个红箭头 A 是 30F 与 5F 的共振背驰点，为一买；

如果没有把握，那么第二个红箭头 B 处为二买。

然后一个 1F 到今天最高点，该处为盘背，可以再等一下，那绿箭头

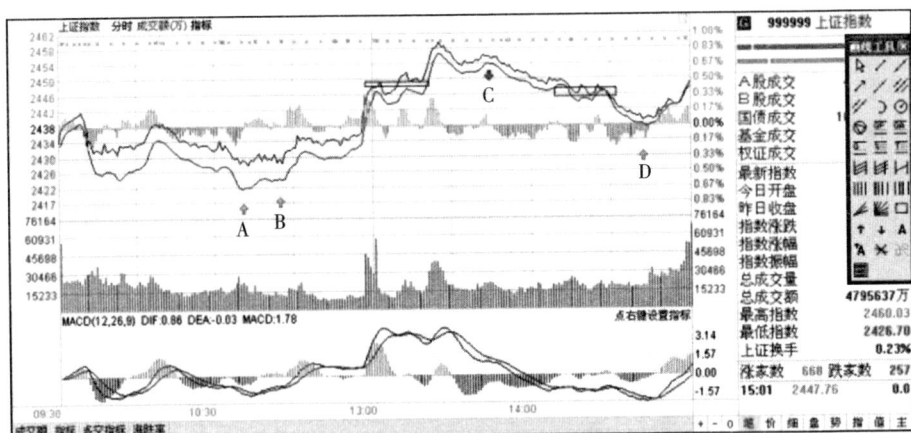

图 4-7　背驰点是什么级别的

C 处的二卖肯定要减仓了，甚至清仓都可以，后面必然是个 1F 下走势。

到第三个红箭头 D 处，1F 下走势盘背，补回。

为什么要补回呢，一是因为 5F 下笔低点高过前低点，二是因为 30F 背驰必然是个 30F 级别的回抽，即至少还有一个 5F 上。

鉴于以上原因当然回补，等明天 1F 走势上的高点清仓。再根据后面一个 1F 走势下的结束点来判断是否需要回补，是否需要回补最好看 5F 图。

上面例子只是说明缠论怎样分析大盘，其实个股也是一样的，今天小试了一下，个股的买卖基本如上。

但个股最需要注意的是本身是什么操作级别，短差用多少仓位来处理，最重要的操作要点是这个盘背点或背驰点是什么级别的，后面接一个什么级别的上笔，比如接一个 30F 上笔，那至少是 5F 上笔开始的 3~7 笔，那前面有把握的 3 笔当然要吃到尽了，原来最主要的问题是到底要走 3 笔还是 5 笔心里没底，或者每一笔是否要结束，无法判断（即背了又背），那现在用 MACD 就可以判断了，就算失误，也可以在小级别的二卖时走掉。

三、缠中说禅分时图看盘的实战案例解析

分时战法也有很多，是否其中也有用缠中说禅看盘的？这是很多投资者心中会有的疑问。下面是缠中说禅分时图看盘的实战案例解析。

图 4-8 是上证指数某一天的分时走势图，图中我们看到用各种颜色的方框所圈示，当然这里面就包含各种意义，这是特意画出的，接下来就运用缠中说禅的具体思想来进行分析。

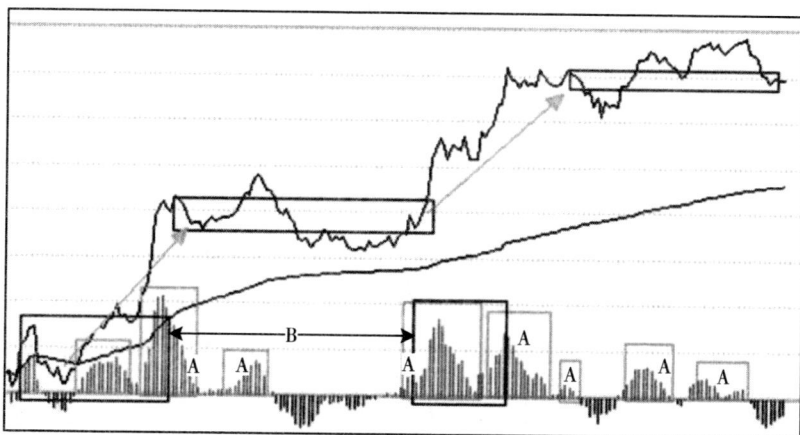

图 4-8　投资者一定要冷静

第二个方框之后，走势完成了吗？没有。因为收盘了，没走完。如果下一个交易日回到第二个方框里面，那么就依然是第二个方框的震荡而已，不能算是已经趋势结束，当然，如果回不去，比如低开，那么这个级别就会出现三卖。

这里是分时曲线图，级别起点也即基础参数是比在 1F 图上采用线段的起点要低。如果转到 1F 图去看，那么其实才两个线段而已。

绿色柱子 A 方框，就是一个个同级别线段内的同级别连接。黄色柱

子 B 方框就是相对更大级别的连接。这个相信一看就清楚。如果结合成明细栏那么可以捕捉到更多的细节。

就这个图而言，第二个中枢哪里才是这个分时曲线图级别上的出井，而且是这个级别上的大井，也就是 2985 点的时候。站在这个级别上操作的人就该动手了，因为这是分时图上的大井。如果是 1F 线段起点，那么这里是一个线段类上涨的段内背驰。段内背驰并不代表 1F 的走势结束，仅仅是这个线段结束了。

缠师说，一定不要追高买股票，有了这样的心态，那么你才能很好地掌控自己，不被巨大的涨幅而影响，在操作的时候，投资者一定要冷静，要记着，有钱什么都有。

四、利用分时图判断高低点

我们知道股价在经过大幅下跌后，机构已经在相对底部暗暗地吸入，但随着股票趋势的转弱，庄家也需要对倒拉升，在价位高的时候出货，但并不是跌倒随便一个价位就开始拉台，首先在底部区域有明显支撑，试探一下下方情况，再试探一下上方抛压是不是较轻，离一定阻力位较远，试探完成，开始对倒。举例说明：

分时图上，开盘低开，在以 13.4 为压力的平台上小幅震荡，故意制造一个小顶部，多次上冲后回落，在大部分人失去耐心的时候，吸筹也差不多了，10：10 发力，一举到 13.7，拉升过程甚至都不给你机会，在有些人大胆追入时，却逢高出货。下午又故意制造假象跌破 13.4 但随后又再次起来，再也不会到 13.4 的位置，让人无法再进，如图 4-9 所示。

像这种分时看高低点，主要是通过画线和观察来判断，需要有一定的技术、盘感，还要有时间看盘。

一目了然，避免假象，高抛低吸

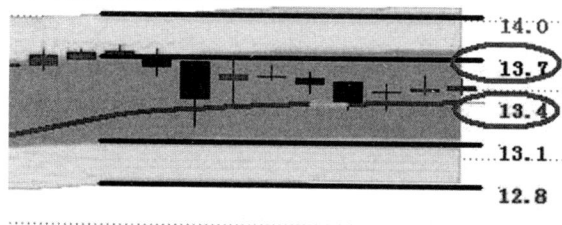

图 4-9　有时间看盘

对盘中高低点主要是通过支撑压力来体现的，像这只股票，只要打开 30 分钟图就可以看到，一目了然提示支撑 13.4，压力 13.7，避免了分时假象真正做到高抛低吸，又不用时时盯盘。

1. 大盘分时 T + 0

看上证的分时图我们如何傻瓜式地做 T 而不失误呢？我们就把上涨时的低点与低点连线，下跌时的高点与高点连线。很明显，每一次上涨时低点与低点的连线被打穿，我们就卖出。同理，在下跌的趋势中，我们一个高点与一个高点连线，很明显，每一次下跌后的上涨如果涨过高点间的连线，那么我们就买入，按此图趋势连线的买卖是不是做得相当成功呢？这也就是道氏理论的一个看趋势的连线，牛市看低点，熊市看高点，趋势线打穿，趋势就会反转。这是一种傻瓜式的操作。大家下次在大幅度震荡的时候可以模仿，当然后面大盘怎么走你是看不到的，但是你可以提前在两个点出来之后自己动手画趋势线，一旦打穿这个线，我们就改变原来趋势的看法，如图 4-10 所示。

2. 分时扇形折射做 T

另外，还有一种方法叫分时扇形折射做 T。这个 T 要怎么做呢？我们先来做下跌之后如何卖出，如图 4-11 所示。

我们把上证今天的最高点与每一次反弹的重要高点进行连线，会发现每一次高点和高点的连线成了一个趋势线，在大盘上涨时，每一次穿越之后都有回打该趋势线获得支撑后继续上攻的盘面，那么我们要做的

图 4-10　同一天先高抛后低吸

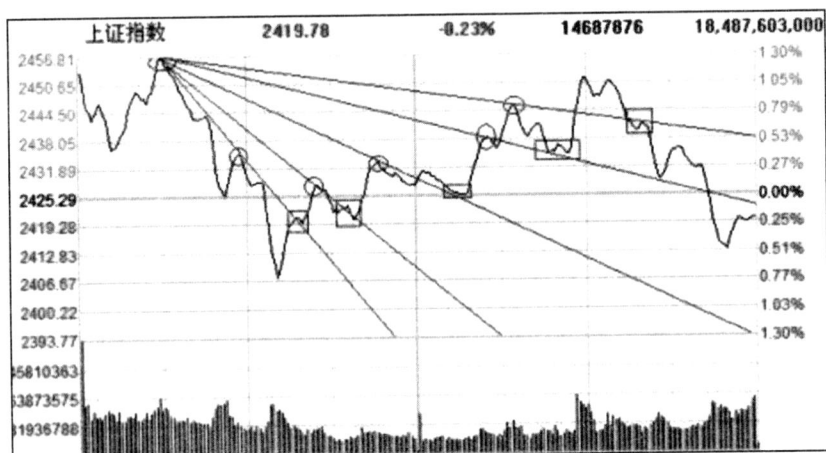

图 4-11　高点和高点的连线

就是在高点与高点之间连线的时候在突破该趋势线后回打该线的点位买入，当然要买在前面一点的趋势线就赚得更多了。这样做 T 和前面的傻瓜式有点类似，不过这个要回打确认才能买，圈是重要高点，框是每次击穿趋势线之后的或多或少的回抽。

上涨之后卖出，如图 4-12 所示。

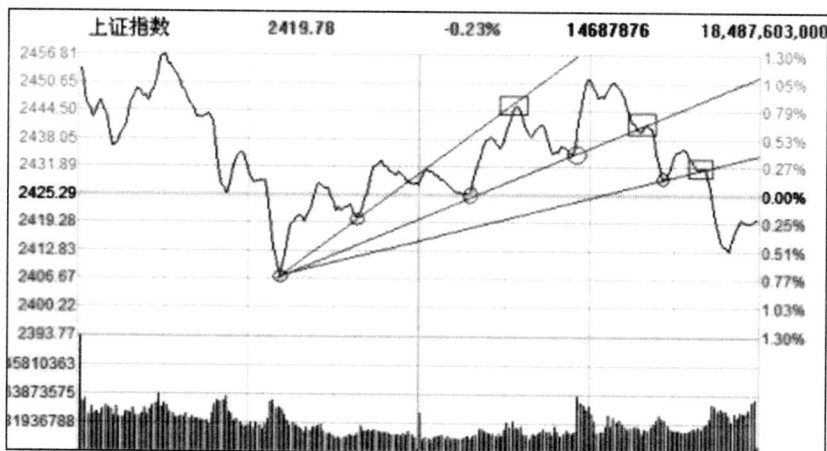

图 4-12 最低点与每一个重要的低点连线

将最低点与每一个重要的低点连线，我们可以发现，这条趋势线在未来打穿后都有一个或多或少的回抽过程，那么，我们要做的就是在打穿之后回抽的高点卖出，与以上买入正好相反，圈是重要低点，框是每次跌穿趋势线之后的或多或少的回抽。

五、分时图看盘技巧

分时走势图也叫即时走势图，它是把股票市场的交易信息实时地用曲线在坐标图上加以显示的技术图形。坐标的横轴是开市的时间，纵轴的上半部分是股价或指数，下半部分显示的成交量分时走势图是股市现场交易的即时资料。

（1）白色曲线：表示该种股票即时实时成交的价格。

（2）黄色曲线：表示该种股票即时成交的平均价格，即当天成交总金额除以成交总股数。

（3）黄色柱线：在红白曲线图下方，用来表示每一分钟的成交量，单位为手（100 股/手）。

（4）成交明细：在盘面的右下方为成交明细显示，显示动态每笔成交的价格和手数。

我们看盘的时候，一般看两条线，一条是黄线，一条是白线。黄线称分时均线，白线称分时线。

参考白、黄两种曲线的相互位置可知：当大盘指数上涨时，黄线在白线之上，表示流通盘较小的股票涨幅较大；反之，黄线在白线之下，说明盘小的股票涨幅落后大盘股。当大盘指数下跌时，黄线在白线之上，表示流通盘较小的股票跌幅小于流通盘大的股票；反之，盘小的股票跌幅大于盘大的股票。

一般在分时下跌中，两线黏合，表明大盘下跌空间有限，随时止跌；而在分时上涨过程中，两线黏合，表明大盘要止涨，要回抽。

双线在一起，关键是看下跌还是上涨通道中开盘两线就黏合，结果大盘就上攻。

下跌分时通道中的黏合，属于止跌信号。

早盘分时图显示双线黏合，在分时下跌过程中出现的，表明下跌空间有限；分时量在跌破 3035 点时放量，反抽无量支配，弱；技术上最后一道支撑是 30 日均线，是多方重点防线，如图 4-13 所示。

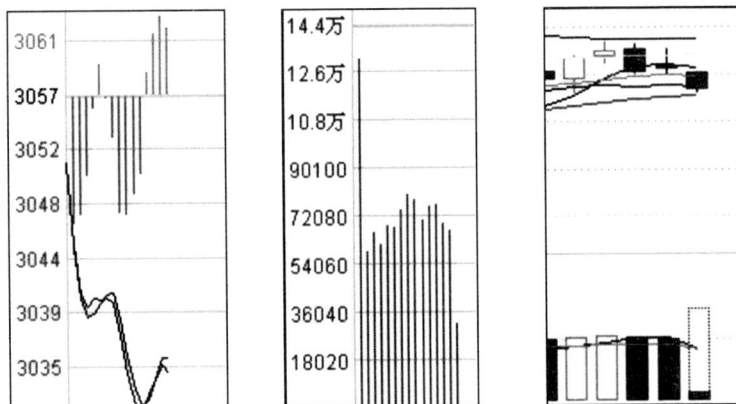

图 4-13 多方重点防线

接下来为大家讲述一下什么叫作突击性上涨？什么叫作虚假性上涨？早盘回落属于无量性质，很明显是洗盘，所以属于诱空性下跌，而刚刚放量爆发，属于突击性上涨，整体结合起来就是虚假性拉升，是庄家强势控盘的股票，如图 4-14 所示。

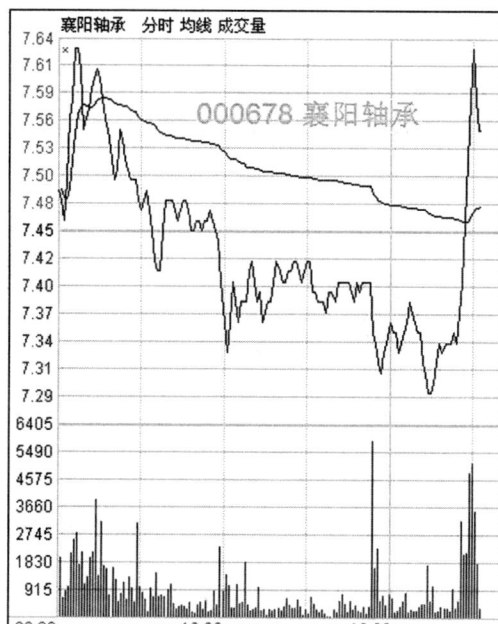

图 4-14　突击性上涨

分时图寻找股票买卖点，要根据以下五个条件：①卖盘挂大单；②分时量快速放大；③属于热点板块；④K 线系统良好，上无压制；⑤指标显示买点。如图 4-15 所示，分时图形态完好，白线在黄线之上，属于强势姿态，这种股首先是关注，而买进则需要其他条件成熟。

A. 买卖盘战法：卖盘必须要挂大单，卖盘充实，而买盘空虚，如图 4-16 所示，这种类型的股票是爆发征兆。

B. 在配合前面 A 点后，然后关注分时量是否放大，如图 4-17 所示，一旦分时量放大，则可认为是买点。

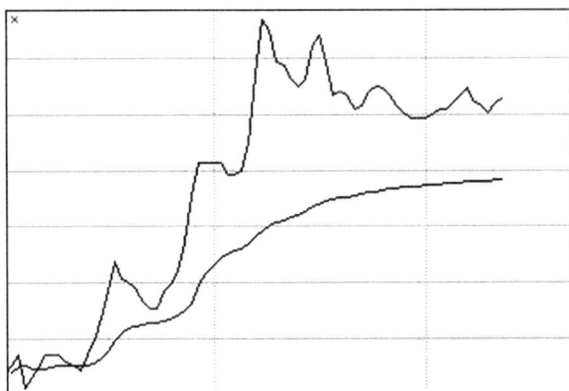

图 4-15　强势姿态

卖⑤	9.11	743
卖④	9.10	2675
卖③	9.09	2310
卖②	9.08	1887
卖①	9.07	1120
买①	9.06	400
买②	9.05	302
买③	9.04	228
买④	9.03	890
买⑤	9.02	908

图 4-16　卖盘充实

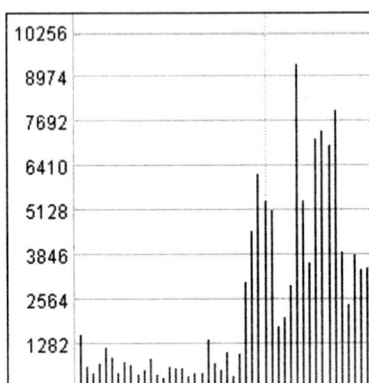

图 4-17　关注分时量是否放大

C. K 线良好，上无压制，如图 4-18 所示，这样的股票才能让多方主力放心拉升，无抛压担忧。

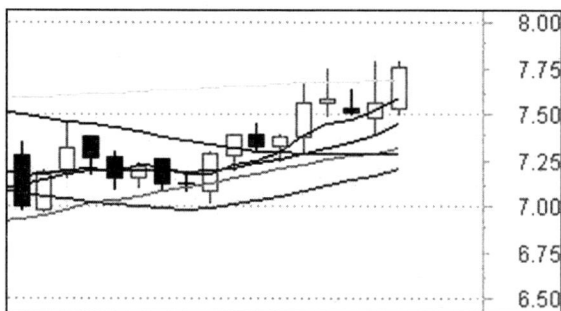

图 4-18　多方主力，放心拉升

D. 指标显示买点，如图 4-19 所示，KDJ 拒绝死叉，为买点；MACD 金叉为买点等，还有其他的指标一切配合，这样胜算大些。

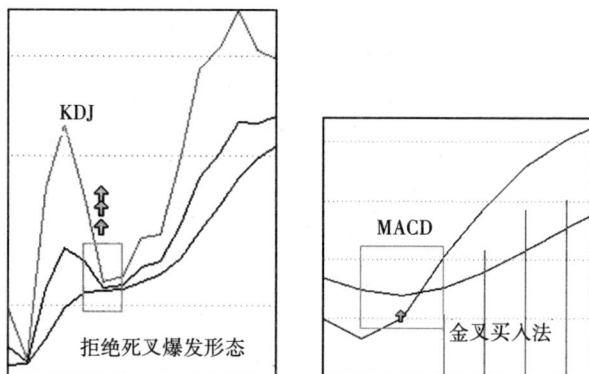

图 4-19　指标显示买点

E. 到热点板块每天去逛逛，持续三天都出现同样热点的板块，持续性较高，我们捕捉股票就应该从里面寻找，如图 4-20 所示，今日热点主要集中在科技股和世博概念，上海本地股都非常好。

F. 盘口大单买进，往往是主力高度控盘，已建完毕，大幅拉升的表现，如图 4-21 所示，紫色大笔大单买进，属于最终爆发的信号。

G. 选股对象结合行情而定，如现在行情属于中小板爆发性质的行情。以中小板 002 开头的小盘股爆发可能性居多。另外，拒绝运用此方法去选中大盘股，这将大大地降低成功率，如图 4-22 所示。

热门板块分析—所有板块	今日:2010-03	
板块名称	均涨幅%↓	权涨幅%
1 酒店旅游	2.80	2.64
2 三板证券	2.50	0.00
3 金融行业	2.47	1.88
4 迪士尼	2.20	2.21
5 其他类四	1.87	1.36
6 重庆板块	1.59	1.74
7 上海本地	1.58	1.46
8 上证50	1.57	1.63
9 交通运输	1.54	1.70
10 ETF基金	1.53	1.63

图 4-20　热点板块

换手	1.13%	股本	49.9亿
净资	5.83	流通	37.8亿
收益(三)	0.530	PE(动)	17.7

11:05	12.49	374	
11:05	12.49	277	B
11:05	12.48	263	S
11:05	12.48	2756	B
11:05	12.50	2358	B
11:05	12.48	306	S
11:05	12.48	717	S
11:05	12.50	273	B
11:05	12.49	1041	
11:06	12.50	4920	B
11:06	12.50	432	S
11:06	12.51	230	B
11:06	12.55	412	B
11:06	12.50	827	S
11:06	12.54	1189	B
11:06	12.52	697	S

图 4-21　主力高度控盘

	现价	12.73	今开	12.65
40亿流通，大盘股	涨跌	0.08	最高	12.76
	涨幅	0.63%	最低	12.58
即使出现条件也勿动	总量	10.1万	量比	1.62
	外盘	51841	内盘	48716

	换手	1.27%	股本	1.00亿
5540万流通 小盘股	净资	3.70	流通	5540万
一旦条件符合 大胆买进	收益(四)	0.453	PE(动)	70.7

图 4-22　选股对象结合行情而定

横盘整理：此股开盘近一个小时都是以分时横盘整理为主。很明显，与早盘大盘开始相比明显属于抗跌性，这表明有强悍的主力在里面护盘，所以该股维持横盘整理寻求机会进行突破。这段时间就是主力在吸收做多动能的时候，也就是给予散户机会，锁定短线筹码。

爆发飙升：主力锁定筹码后，很明显凝聚了一股强大的动能，这种动能完全是吸筹的结果。为何前面横盘不是洗盘呢？因为之前此股都是以 K 线横盘为主，所以主力和散户都没有获利空间，怎么洗盘呢？这是没有必要的事情。当卖盘挂出大单时，那么就表明场外有很大的资金想买进去，之后主力让大单成交，然后股价开始飙升，实现直线拉升，将股价抬高实现盈利。而回落时，我们最主要的是看分时量，倘若回落过程中分时量是放大的，那么大多数情况是主力拉高出货的表现；反之，无量就代表属于正常回落，属于洗盘性质。只要不破分时均线可继续持股，后面仍然有爆发机会。

滞涨回落：所谓"滞涨"，可以理解成是主力消耗了过多的动能，拉到相对高点时遭遇散户抛压的打击，需要一个回落来修复技术上的超买，也是散户在横盘时进去的筹码过多，所以回落横盘进行洗筹，为了消化抛压，意在更好地拉升。这里滞涨明显的地方，当股价经过飙升后，分时均线没有跟上，所以股价必须要回落，这对于短线做 T 的朋友来说，这个细节是很管用的，如图 4-23 所示。

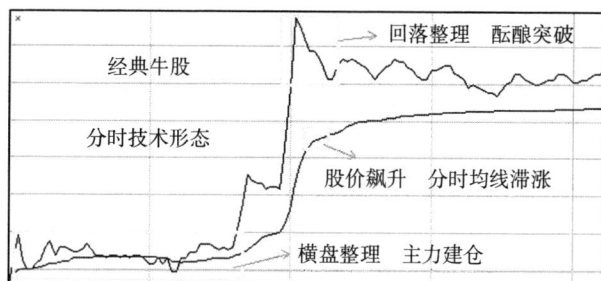

经典牛股

分时技术形态

回落整理　酝酿突破

股价飙升　分时均线滞涨

横盘整理　主力建仓

图 4-23　横盘整理主力建仓

在所有指标中，无论是 KDJ，还是 MACD 等短期、中期、长期指标都可以任由主力做假，而所有指标中最真实的则是 VOL 量能指标，因为量能指标是单日大盘或个股全天买卖成交量的总和，所以研究量能指标对我们操作有很大的帮助，可以辨别大盘见顶或见底及洗盘和出货的主力操盘意图。

我们必须要搞清楚量能的八个判断依据。

（1）放量下跌有出货嫌疑。如图 4-24 所示，这是营口港在 3 月 8 日的分时图，经过一波大幅拉升后，于当日出现深幅调整。值得关注的是，此股早盘快速下探，分时量出现快速放大的迹象。从这个举动可以看出，主力已经有充分利润，所以选择出货，之后此股连续调整。类似这种股票，持有的要考虑出局，没买的一定要观望，否则会有被套风险，切记！

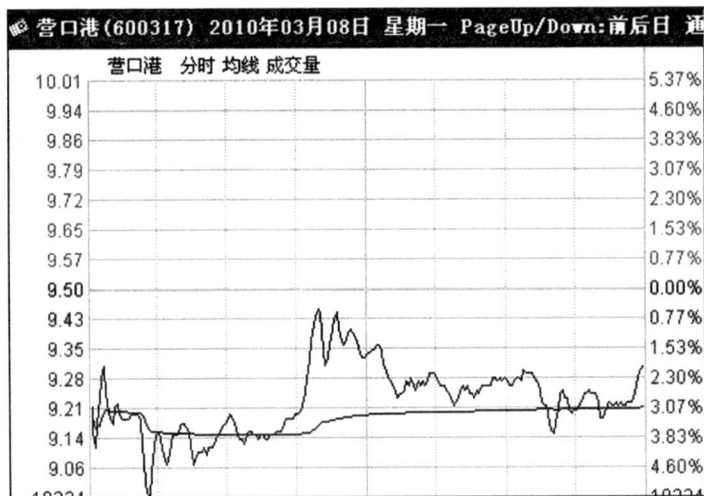

图 4-24 阴线低吸

（2）无量下跌有洗盘嫌疑。如图 4-25 所示，美都控股，此股经过上周四大幅上涨后，周五回抽 5 日均线出现强势洗盘，从分时图中可以看出，早盘低开快速下探，但分时量并没有放大，这表明主力资金仍未出局，而该波下探则属于制造恐慌，洗盘的性质。从其他分时跳水也可以看出，此股当日表现为下跌无量，而反弹放量的态势，属于主力强势控盘的表现。所以持有的朋友可耐心等待；反之，未买的朋友可以关注，放量时可以坚决买入。

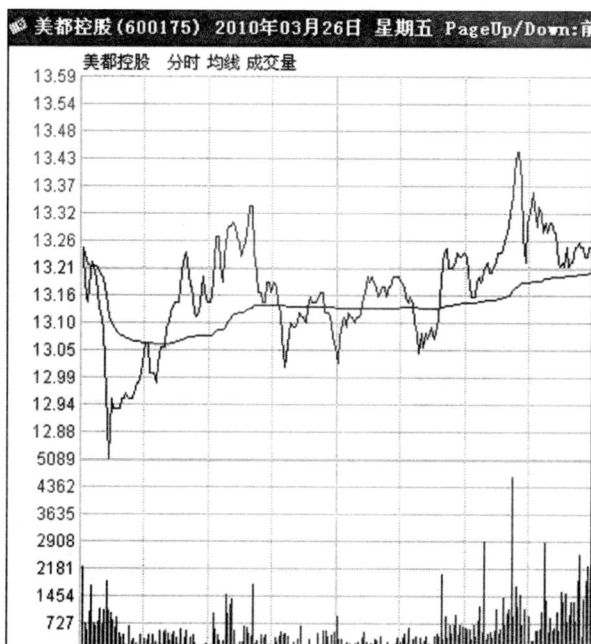

图 4-25　先低吸后高抛

（3）放量拉升主力高度控盘信号。如图 4-26 所示，此股今日开盘突破分时均线快速拉高，第一波分时拉升放量，第二波继续放量，这表明主力今日坚决做多，随后维持分时均线之上整理，属于酝酿爆发的信号。操作上，若未买进的可以买进，持有的可继续等待。这种类型的股票爆发可能性非常大，即使回落只要关注是否放量即可，后期阶段将会有主升出现。

（4）无量拉升主力控盘强度弱势，有回落要求。如图 4-27 所示，此股反弹量能放大不集中，这表明属于弱势反弹，相当于无量，后面此股出现回落，而回落时却放出很大的量，因此可认为此股主力对倒，操作

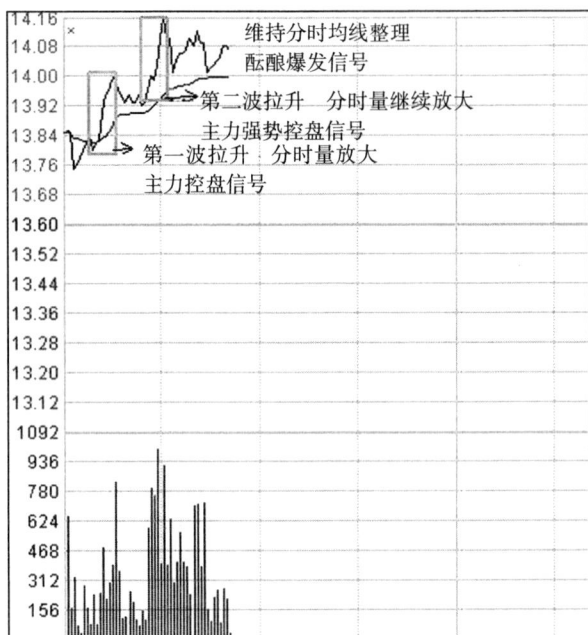

图 4-26　量继续放大

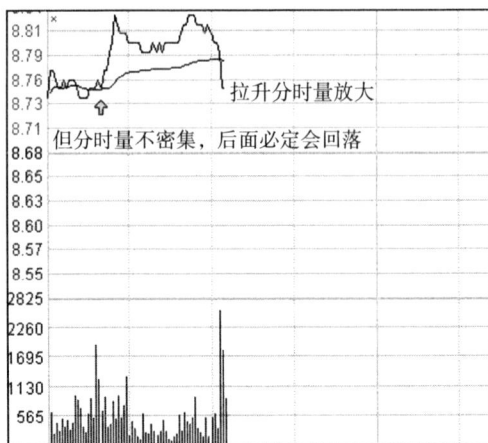

图 4-27　量不密集

上以观望为主。持有的可以小幅减持，规避不确定性的风险。

（5）上涨通道中，若量能出现天量是见顶征兆。如图 4-28 所示，经过持续上涨后，最终有一天出现天量，比前些时间段量能都要大很多，这代表买盘已经稀少，而卖盘开始逐步离场，这种现象表明股票要见顶，后面必然在主力出逃后出现暴跌风险。操作上，持有者要出局，观望者不能轻易进场。

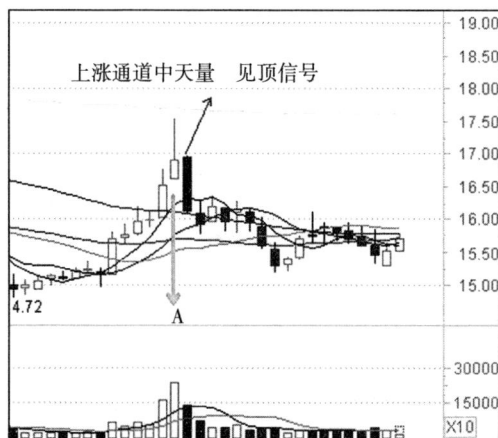

图 4-28　量能出现天量是见顶征兆

（6）下跌通道中，若量能出现地量是见底征兆。如图 4-29 所示，量能上有紫色方框，这代表是地量，而红色箭头 A 对应的是 K 线上的底部信号，所以我们可以根据量能来抄底。这意味着卖盘已经枯竭，现在只要等待买盘杀进即可。

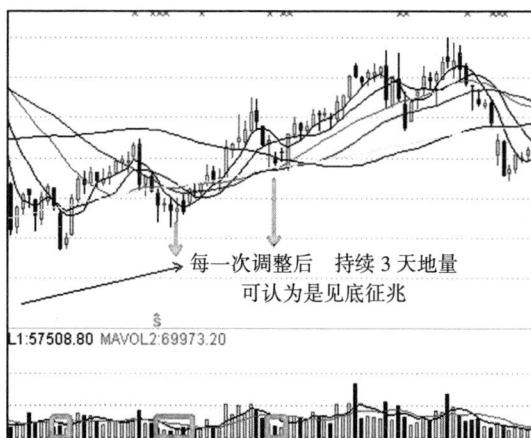

图 4-29　量能出现地量是见底征兆

（7）量能温和放大，表明主力正在逐步建仓。如图 4-30 所示，此股持续下跌后出现地量，并且 3 天连续地量属于见底信号，而后量能温和放大，代表主力入场，操作自然可以果断买进。首先出现地量时可以关注，温和放大时可以买进。

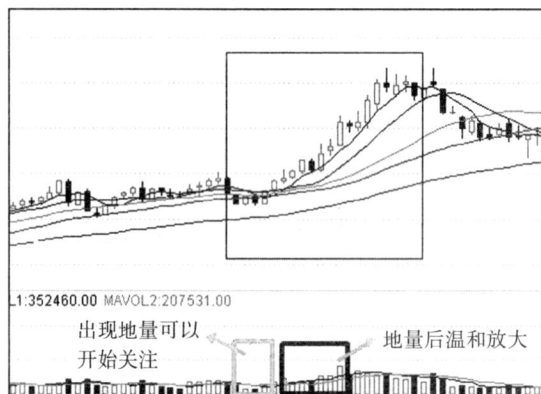

图 4-30　量能温和放大

（8）量能逐步萎缩，表明股票只有卖盘没有买盘，股票将会寻求底部，等待买盘出现。量能一日比一日要小，逐步萎缩，这表明此股卖盘正在减少，但买盘还未买进，所以等待筑底，一旦持续几天出现基本相等的地量可视为见底。

六、分时图的获利技术

1. 时间设定

（1）最佳时间：早盘的第一时间段（9：25~10：00）跟第二时间段（10：00~10：30）。

（2）次佳时间：午盘的第一时间段（13：30~14：30）。

2. 买进策略

（1）低开震仓买进。

前一天股价放量收中阳 K 线，当天早盘突然大幅低开，这基本上是主力通过集合竞价开盘震仓。由于这股上涨趋势已经形成，所以可以在早盘低开的时候大胆买进，如图 4-31 所示。

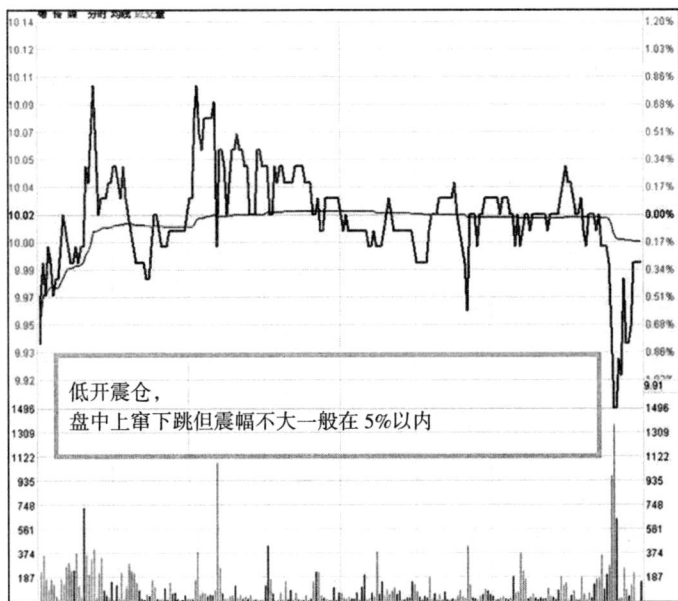

图 4-31　低开震仓

（2）双底买进。

股价快速地下跌，杀跌波形非常长，并且形成了尖刀底状态。股价在创出当天新低的时候，量能放大，说明了主力杀跌是为了诱空，主力在低位承接。当股价低位放量的时候，就可以买进了，如图 4-32 所示。

（3）头肩底买进。

股价反复地震荡盘跌，在创出新低之后，股价就展开了反弹并且回升到均价线之上。股价形成了典型的头肩底。当股价再次拉升到均价线的时候，就可以买进了，如图 4-33 所示。

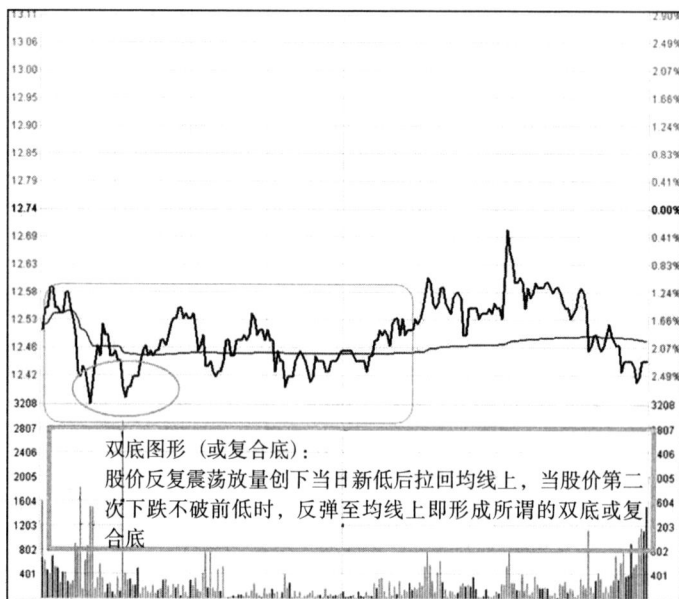

双底图形（或复合底）：
股价反复震荡放量创下当日新低后拉回均线上，当股价第二次下跌不破前低时，反弹至均线上即形成所谓的双底或复合底

图 4-32 双底形态

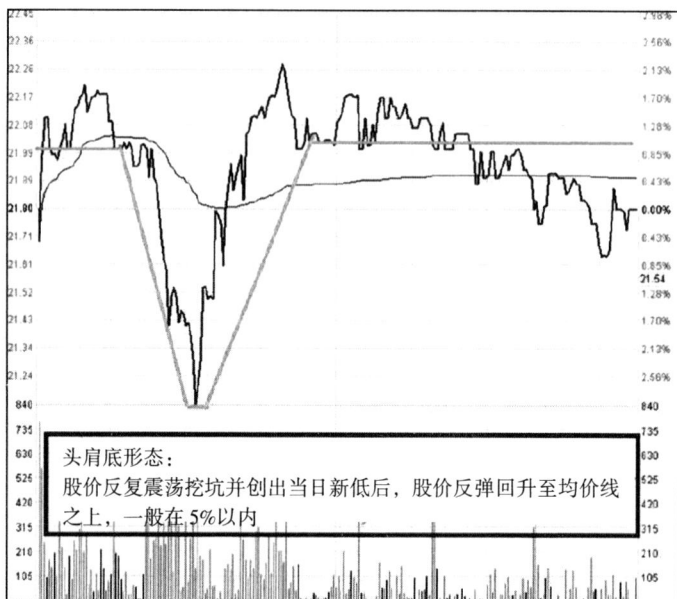

头肩底形态：
股价反复震荡挖坑并创出当日新低后，股价反弹回升至均价线之上，一般在 5% 以内

图 4-33 头肩底买进

（4）拉升回档买进。

股价放量拉升，突破了重要阻力位（包括了前一天的收盘价，当天的开盘价和当天最高价），股价攻击形态已经确立，大涨趋势已经形成了。当股价回档到均价线附近的时候，就可以买进了，如图 4-34 所示。

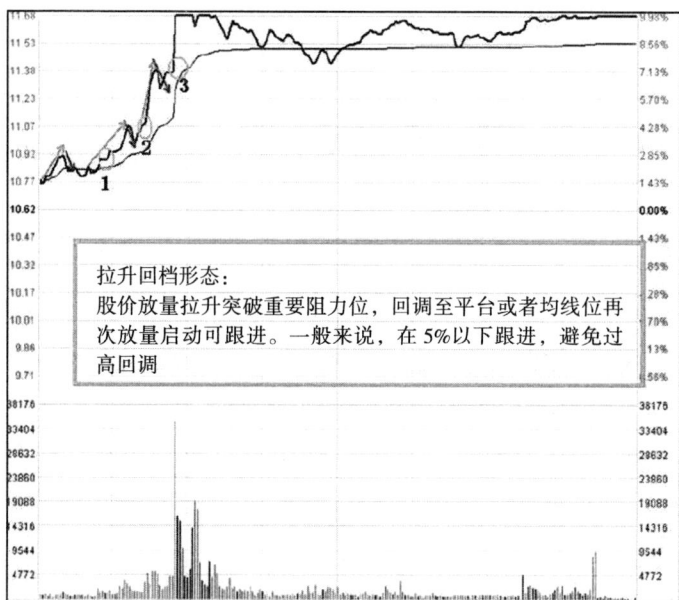

拉升回档形态：
股价放量拉升突破重要阻力位，回调至平台或者均线位再次放量启动可跟进。一般来说，在 5% 以下跟进，避免过高回调

图 4-34　拉升回档买进

（5）草上飞买进。

股价早盘的时候经过了一轮放量拉升之后，主力将股价维持到均价线之上反复地震荡，量能萎缩。股价经过数次的下探，都不能有效地击穿均价线，因此就形成了“草上飞”的走势了。当股价回调到均价线多次破时，这时候就可以买进了，如图 4-35 所示。

3. 卖出策略

（1）无量拉升卖出。

股价在盘中的时候形成了两个以上波段的拉升，在第一个波段放量攻击了之后，主力继续形成第二个或者第三个波段的拉升，但是拉升的

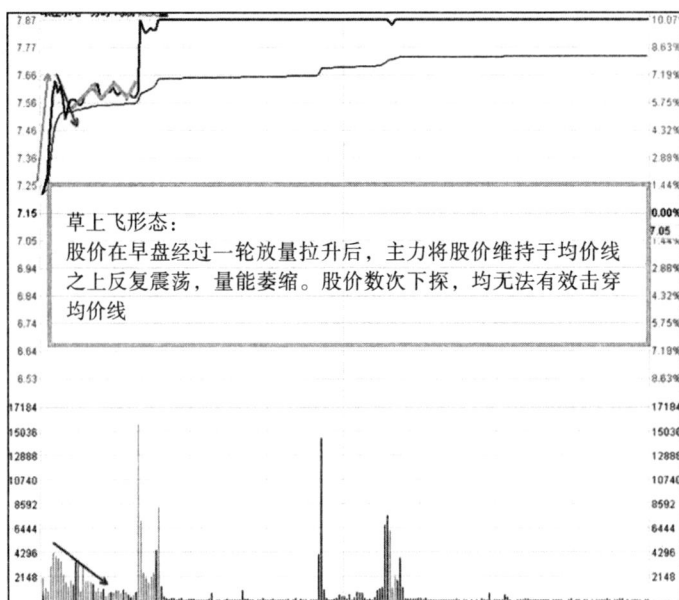

草上飞形态：
股价在早盘经过一轮放量拉升后，主力将股价维持于均价线之上反复震荡，量能萎缩。股价数次下探，均无法有效击穿均价线

图 4-35　草上飞买进

时候没有放量，这就说明了主力对敲操盘，实际上并没有投入资金，这是股价阶段性见顶的调整信号。因此，应该在无量拉升的时候卖出。

（2）放量滞涨卖出。

股价在早盘放量以一个或者两个以上的波段推高之后，主力将股价维持在均价线之上反复地震荡。其后，股价再次放量，但是并未向上突破，这就说明了主力在盘中对倒出货，股价已经阶段性地见顶，因此，应该在放量滞涨的时候果断地卖出。

（3）二次不封涨停卖出。

股价以涨停开盘或者放量攻击涨停，但是在盘中快速地开板，股价回调到均价线之上反复地震荡，其后，股价再次地攻击涨停，但是盘中的成交量减少，攻击的力度趋弱，股价已经无力封涨停了。这种情况一方面说明了上档抛压巨大，另一方面也说明了主力在盘中借涨停出货，股价已经阶段性地见顶。因此，应在二次不能涨停的时候果断地卖出。

（4）回头波卖出。

股价在早盘或者中盘以一波或多波拉升放量攻击形成了假升状态，在创出了当日新高之后，主力反手打压，股价反复地震荡盘跌，形成了典型的回头波形。这说明了股价已经阶段性地见顶，调整即将开始，因此，当股价创新高之后回调击穿均价线的时候应该果断地卖出。

七、图解 11 种分时图 T＋0 操作技巧

（1）股价一直围绕均价线之上运行，不破就安全持股，但是一旦跌破了，那么就是卖点，如果认为跌破后属于假跌破，那么就说明是一个不成熟的交易者，万一是有效跌破不就亏损了？所以，跌破均价线就说明分时图破位，股价将选择弱势运行，要提防随后的下滑风险，应当采取卖出为主，随后如果走稳了，继续站稳均价线就买入，所以，操作要灵活应对，不能拖泥带水，如图 4-36 所示。

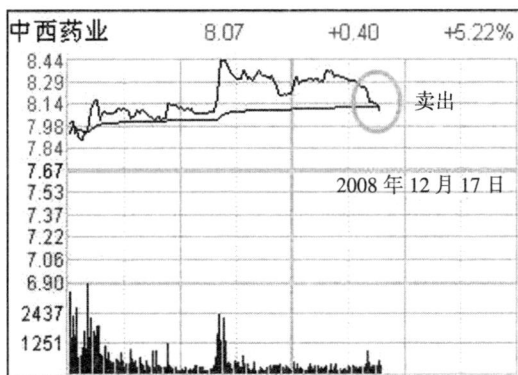

图 4-36 分时图破位

（2）如果看到所持或关注的股票开盘低开上冲，这时要注意量能，如果没有发现股价翻红之时量能却一直在萎缩，这时候若买进去，准是买

到一个分时高位。而对于持有者，则要选择卖出为主，如图 4-37 所示。

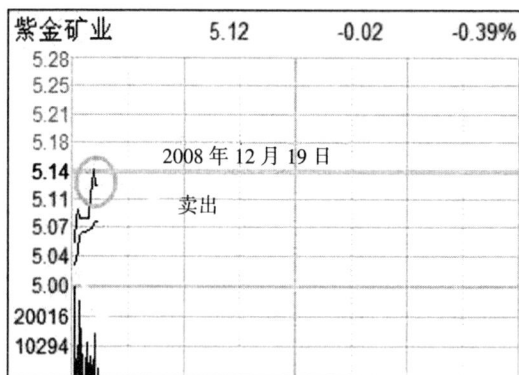

图 4-37 要注意量能

（3）图 4-38 是分时图高位放量滞涨的分时图，重点表现在股价快速拉升，均价线没有跟上去，分时图产生乖离，而分时量又放量，这时候要注意卖出，更要谨防分时追高的风险。

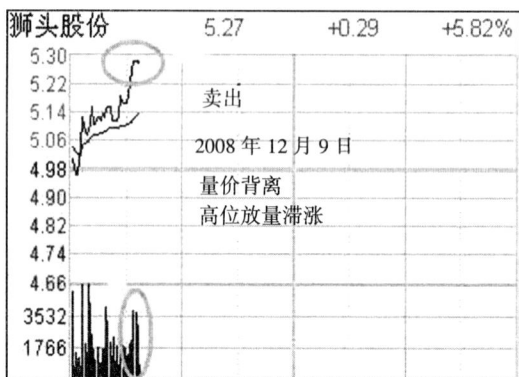

图 4-38 分时图高位放量滞涨

（4）当股票往上拉升时发现分时量没有集中放大，量能不齐表明主力做多不够坚决，理应以卖出为主，如图 4-39 所示。

（5）量价配合完美，上拉放量，整理回落缩量，逆势拉升突破前面高点，而且分时量快速放大，属于买入信号，如图 4-40 所示。

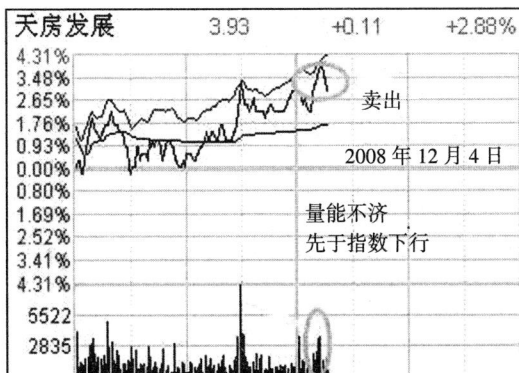

图 4-39　分时量没有集中放大

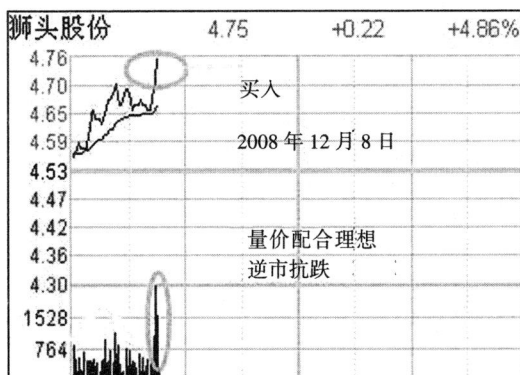

图 4-40　分时量快速放大

（6）量价健康，拉升放量，属于买入信号，如图 4-41 所示。

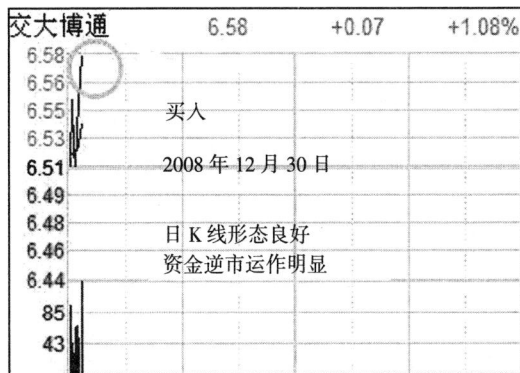

图 4-41　拉升放量

（7）分时量价不齐，越拉量越小，逐步萎缩构成量价背离，拉高调头属于卖点，如图 4-42 所示。

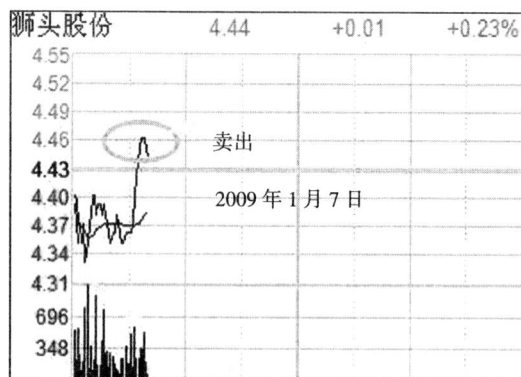

图 4-42　拉高调头属于卖点

（8）整理后突现急剧放量的动作，分时直线拉升，属于主力做多的体现，买入信号，如图 4-43 所示。

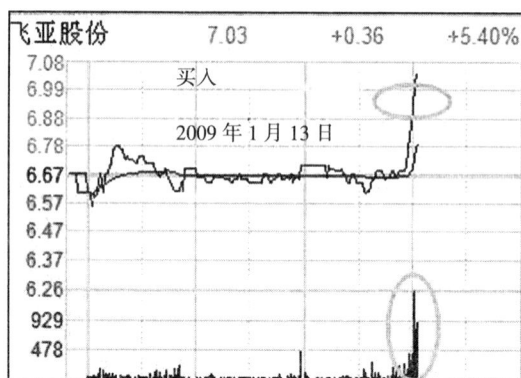

图 4-43　整理后突现急剧放量

（9）快速拉升，量能没有持续放大，而且均价线没跟上，调头一刻是卖点，如图 4-44 所示。

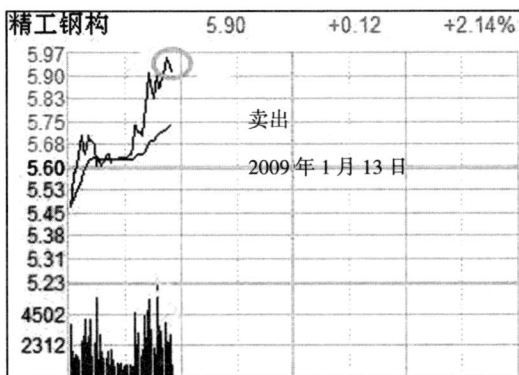

图 4-44　调头一刻是卖点

　　卖股票时，我们要紧盯现价线，只要这条线一直上行，就可以继续持股，有时现价线会一气拉到涨停板，那我们就跟它到涨停板。但多数情况下，是分三浪或更多的浪形拉到涨停的。如果第二浪不能冲过第一浪，一般情况下，前面的高点将是当天最高点了，我们必须在第二浪不能冲过第一浪时，果断地止盈。以现价线止盈，还要观察量峰和量比曲线，止盈位置示意图如图 4-45 和图 4-46 所示。

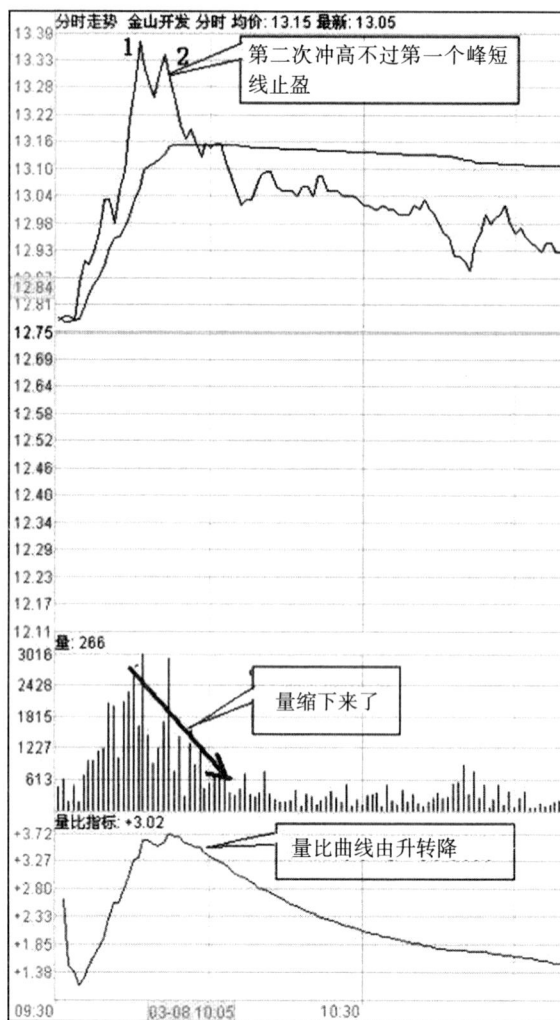

图 4-45　第二浪不能冲过第一浪

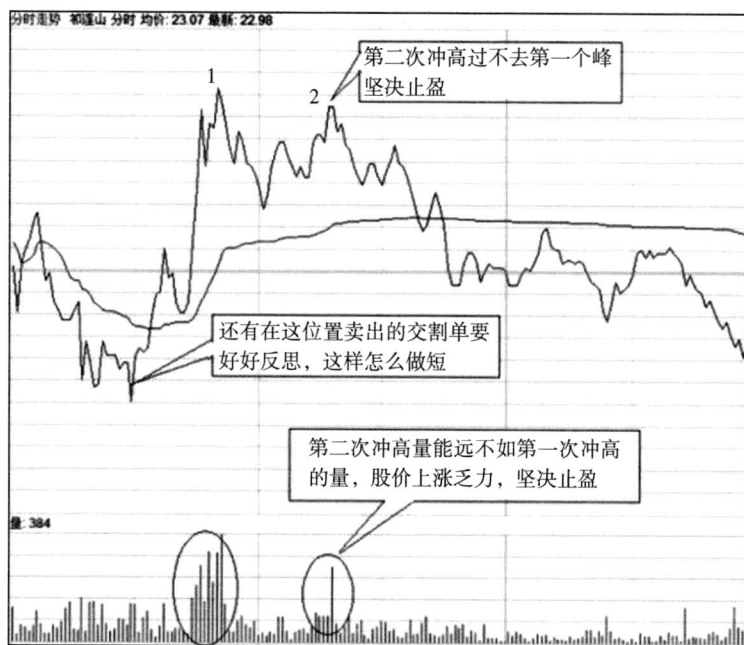

图 4-46　坚决止盈

第五章 缠中说禅 T＋0 战法 5：利用线段做 T＋0

一、缠中说禅利用线段做 T 操作法则

缠论说：利用线段做短差。当一个上升的线段刚够一笔不够一段，当下就能判断是出还是不出？

下面以中粮地产截图为例，如图 5-1 所示。

图 5-1 中新添的粉红色是笔者画的，标志为 1、2、3，当从 1 上升到 2 的时候，虽然这么长但只够一笔，缠论关于线段定义是要至少 3 笔，所以这两处是不能卖的，卖了肯定要后悔，因为上升没有结束。当走到 4 构成标准的一段，也就是线段结束了，MACD 跟前一堆红色线比较也背驰了！就可以先出来，等待下跌线段的结束再买回来。在 3、4 中间有两笔我没有用粉红线画出来，主要是看图是否认真，这两笔是应该画的，由于它们和 2、3 属于包含关系，经过包含处理后产生了新的特征序列，1、4 之间的线段原图经过包含关系的第二笔的顶点，那个顶点就是经过包含处理后新的特征序列的顶点。后面的图就不用解释了，每一个线段的结束点都有两堆标准的 MACD 做背驰比较。没有背驰就没有买和卖。利用线段做短差。

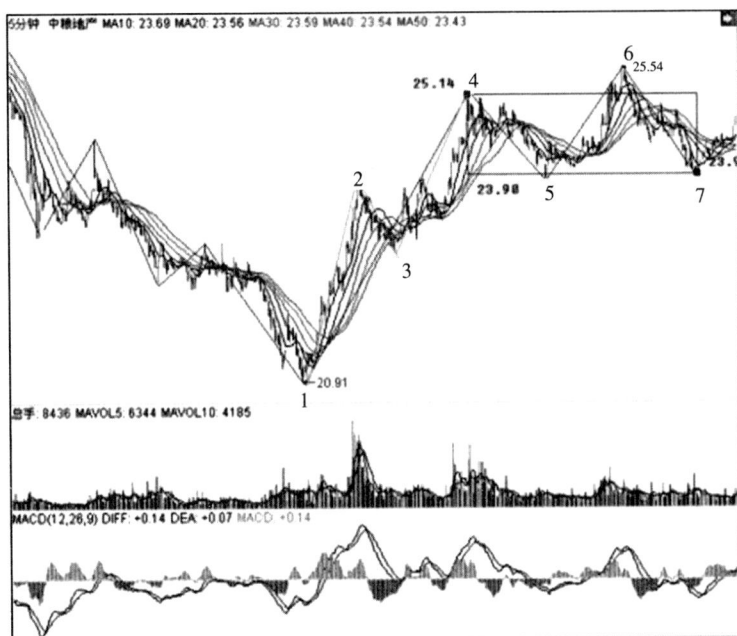

图 5-1　中粮地产

利用线段操作短差，没有背驰就没有买点和卖点。严格按照操作级别，短差利用 5F 线段判断出和进，看 1F 找最佳买卖点。

二、线段的基本要素和作用

上面讲了缠论利用线段做 T，下面我们再来学习一下线段的内容。那么，缠论线段的基本定义是什么？缠论线段的前提条件是什么？

1. 线段的概念

（1）线段至少由三笔构成。线段的前三笔，必须要有重叠的部分。这就是缠论对线段做出的定义。

线段的最基本形态如图 5-2 和图 5-3 所示。

图 5-2　线段的最基本形态

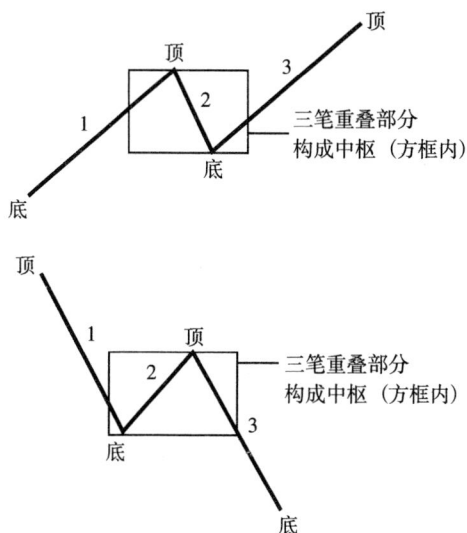

图 5-3　三笔重叠部分

（2）最开始的一笔决定线段的方向，若向上一笔开始，则线段就向上；若向下一笔开始，则线段就向下。

（3）构成线段的笔的数量必须是单数，即为线段是从向上方向的笔开始，一定从向上方向的笔结束，同样如此，假如线段是从向下方向的笔开始，一定从向下方向的笔结束。

（4）线段必然要被另一个线段破坏，即为一个线段结束之后，一定连着另一个线段。一笔是不能结束一个线段的。换言之，一个向上的线段一定连着一个向下的线段，向下的线段后面必须连着向上的线段。

2. 线段的作用

缠论说："用笔当成构成最小中枢的零件，但这样构造出来的系统，其稳定性极差。"

简单来说，构造一个"稳定性极差"的系统，没有任何的操作意义。

缠论还说："一切走势简化就是线段的连接。"

"没有线段用什么构建最基础级别的中枢？没有中枢用什么去构建走势类型？没有走势类型根据什么去对走势进行定性分性？对走势不能进行定性分析，请问还能分析什么？对走势不分析，请问买卖操作的理论根据是什么？"

由此可见，线段在缠论技术分析中占有极其重要的地位。

3. 引入线段的重要意义

缠论为什么引入线段？在没引入线段以前，中枢的定义就是三段重叠的次级别走势的重叠部分，而这里面的次级别走势是什么，每个人均有自己的观点，并不能获得统一的结果。为了规范这次级别的走势，缠论才引入了线段的概念。线段一定来源于图中的元素，譬如 K 线，而缠论也谈到，若不是有三折笔组成线段，线段的稳定性非常差，对走势的描述没有抽象到很合适的地步。因此，在一张图中才有了从 K 线到笔到线段的说法，其目的就是在这个级别的图中对次级别的走势进行线段化抽象。到了次级别的图中，还是必须从次级别的 K 线着手，抽象出次次级别的走势。从 K 线到笔到线段这个对次级别走势抽象的方法就是每个级别的图中自包含的，与其他级别的图没有对应关系（走势是有关系的）。

所以，缠论很清楚地指出，笔与线段都是用来处理最低级别的走势，大级别的走势必须从最低级别的走势中分析出笔到线段到中枢后逐级推演。简单来说，笔与线段只是用在最低级别的图中，这就把引入笔、线段在高级别图上形成的混乱彻底地除掉了。

三、线段划分的基准、依据以及步骤

线段的划分就是认识一段行情的重要手法，然而线段的划分是一个难点。线段的划分必须完全明白这些问题。

1. 线段的划分基准

缠论对线段的划分标准做出了明确的定义："线段破坏的充要条件就是被另一个线段破坏。"

关于线段的划分，都是以这个精确的定义为基础的。

由于依照以前没有特征序列的定义，则线段里都要继续存在"类似小级别转大级别"的情况，但是有了特征序列之后，就不再需要此种情况了，只有这样才能精确地划分线段。

2. 线段划分的依据

线段的划分主要依据两个方面：

（1）依据线段的概念和基本原理来划分。这包括了线段的定义以及线段破坏的基本形式，最主要的是"缠论线段分解定理"：线段破坏的充要条件，则是被另一个线段破坏。

这些是最基本的，在实际划分中出现疑问的时候，必须用这些基本概念去衡量。

（2）根据标准特征序列进行划分。用标准特征序列来划分，前提条件是出现标准特征序列的（顶或底）分型。在分型出现之后，根据构成分型的三个相邻元素中"第一和第二元素间是否存在特征序列的缺口"加以完全分类：第一种情况就是第一、第二元素间不存在缺口；第二种情况就是第一、第二元素间存在缺口。

这两种情况，就是缠论给出所有线段划分的标准。

3. 线段划分的程序

缠论说，线段划分主要有如下四个步骤：

（1）弄清楚特征序列。

（2）弄清楚标准特征序列。

（3）标准特征序列的顶分型和底分型。

（4）确认分型的第一元素和第二元素间是否有缺口。

必须将逻辑关系弄清楚，否则的话就会迷糊。

缠论还说，实际上，线段的划分都可以在当下完成，主要是这些程序：

（1）如果某转折点就是两线段的分界点。

（2）接着对此用线段划分的两种情况去考察是否满足。

（3）假如满足其中一种，则这点就是真正的线段的分界点。

（4）若不能满足，那就不是，原先的线段仍然延续，就是这么简单。

按照缠论的定义，可以根据这些方法去划分：

（1）确认初始线段。

（2）找出特征序列。

（3）对特征序列进行包含处理。

（4）按照两类情况去找分型。

（5）确认线段被破坏。

以上就是线段划分的基本顺序，第（3）步与第（4）步是交叉循环的，第（5）步结束之后，就继续前面的顺序，划分下一个线段，整个过程则是一个闭环。

四、找出线段的特征序列

1. 线段的特征序列

什么是线段的特征序列？缠论做出了明确的定义，我们看一看下面缠论的叙述。

笔划分以后，我们用 S 表示"向上的笔"，X 表示"向下的笔"。这里，S、X 是"上""下"汉语拼音的第一个字母。则所有的线段，有两种情形：第一种是从向上笔开始；第二种是从向下笔开始。以向上笔开始的线段，可以用笔的序列来表示：$S_1 X_1 S_2 X_2 S_3 X_3 \cdots S_n X_n$。这不难证明，任何 S_i 与 S_{i+1} 之间，必须有重合区间，而考察序列 X_1，X_2，$\cdots$，X_n，在这个序列中，X_i 与 X_{i+1} 之间并不一定有重合区间，所以，这个序列更能够代表线段的性质。

于是，缠论做出这样的定义：序列 X_1，X_2，$\cdots$，X_n 成为以向上笔开始线段的特征序列；序列 S_1，S_2，$\cdots$，S_n 成为以向下笔开始线段的特征序列。特征序列两相邻元素间没有重合区间，叫作该序列的一个缺口，如图 5-4 所示。

缠论指出："关于特征序列，把每一元素看成是一 K 线，那么，如同一般 K 线图中找分型的方法，也存在所谓的包含关系，也可以对此进行非包含处理。经过非包含处理的特征序列，成为标准特征序列。以后没有特别说明，特征序列都是指标准特征序列。"

2. 特征序列的缺口

缠论在《教你炒股票 67：线段的划分标准》中这样定义：

特征序列两相邻元素间没有重合区间，称为该序列的一个缺口，如图 5-5 所示。

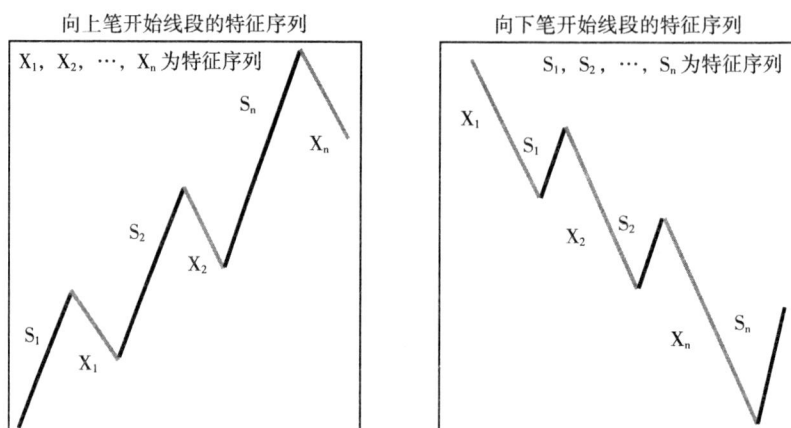

图 5-4　特征序列两相邻元素间没有重合区间

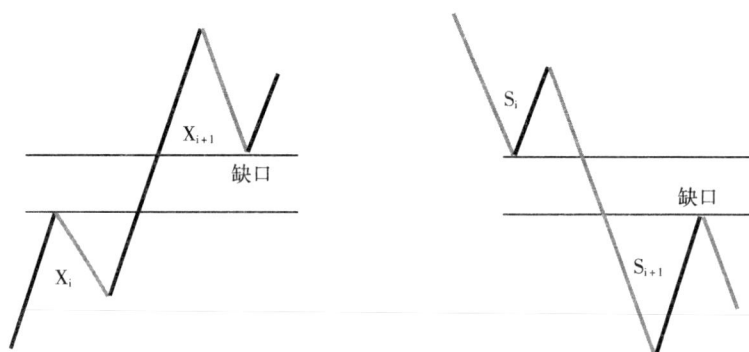

图 5-5　最低价最高价比对

3. 特征序列的元素

我们再看一看缠论《教你炒股票 71：线段划分标准的再分辨》相关叙述：

特征序列的分型中，"第一元素"就是以"该假设转折点""前线段"的"最后一个特征元素"，"第二元素"就是从"这转折点""开始的第一笔"，显然，这两者之间是同方向的，如图 5-6 所示。

必须注意：这"元素"是一个虚拟的东西，并不是真实图形中的笔。

（1）在几何图形上，特征序列元素的长短，相当于笔的高度（不是笔的"长度"）。

顶分型假设的转折点（底分型反之）

标准特征序列分型
三个元素

第二元素
等于转折点开始的第一笔

第一元素
等于转折点前线段的最
后一个特征序列元素

g_i

d_i

第三元素
等于转折点后与第二元素
没有包含关系的"第三笔"

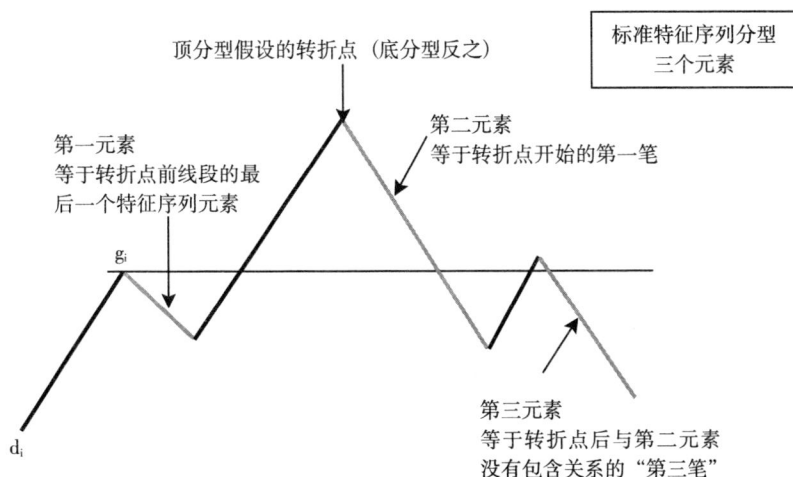

图 5-6　顶分型假设的转折点

（2）特征序列元素是有方向的。特征序列元素的方向，与所对应笔的
方向相同，与所在线段的方向相反。

一是向上的线段，其特征序列是线段中向下笔的序列，对应的元素
也是向下的。

二是向下的线段，其特征序列是线段中向上笔的序列，对应的元素
也是向上的。

五、特征序列元素包含关系的处理

把特征序列每一元素当作一根 K 线，如果属于同一线段的两相邻元
素符合 K 线包含关系定义的时候，就叫作元素包含关系。

必须明确一点，特征序列元素必须处理包含关系，非特征序列元素
不必要处理包含关系。

第一种情况：特征序列第一元素和第二元素之间不存在缺口的线段，

特征序列的第一元素与第二元素存在包含关系，不加以包含处理，其他的特征序列元素之间存在包含关系，根据线段方向加以包含处理。

如果向上的线段的特征序列元素（这时特征序列元素方向是向下），那么包含关系按照向上方式进行处理；假如向下的线段的特征序列元素（这时特征序列元素方向是向上），则包含关系按照向下方式进行处理。

第一种情况：向下线段特征序列包含关系处理示意图，如图5-7所示。

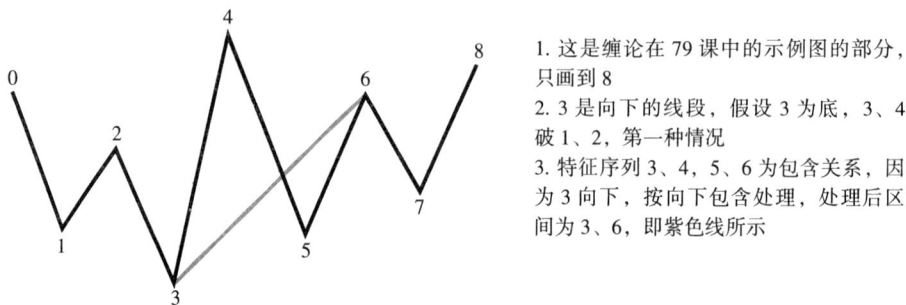

1. 这是缠论在79课中的示例图的部分，只画到8
2. 3是向下的线段，假设3为底，3、4破1、2，第一种情况
3. 特征序列3、4，5、6为包含关系，因为3向下，按向下包含处理，处理后区间为3、6，即紫色线所示

图5-7　向下线段特征序列包含关系

第二种情况：特征序列第一元素与第二元素之间存在缺口的线段，它的特征序列包含关系必须按照第一种情况处理；同时还必须考察第二特征序列元素，如果第二特征序列元素存在包含关系，按照第二特征序列元素本身所处线段的方向加以包含处理，如果第二特征序列的第一元素与第二元素之间存在包含关系，也要加以包含关系的处理。

假如第二特征序列元素所处线段方向是向上的，这时第二特征序列元素方向为向下，则包含关系按照向上方式进行处理。若第二特征序列元素所处线段方向是向下的，这时第二特征序列元素方向是向上，那么包含关系就按照向下方式进行处理。

第二种情况：向上线段特征序列包含关系处理示意图，如图5-8所示。

事实上，绝大多数人对线段划分不清的原因则是对包含关系没有弄清楚，线段划分的难点就在于线段中特征元素与非特征元素包含关系的处理，由于笔的包含关系与K线的包含关系不一样，有前提条件与特殊

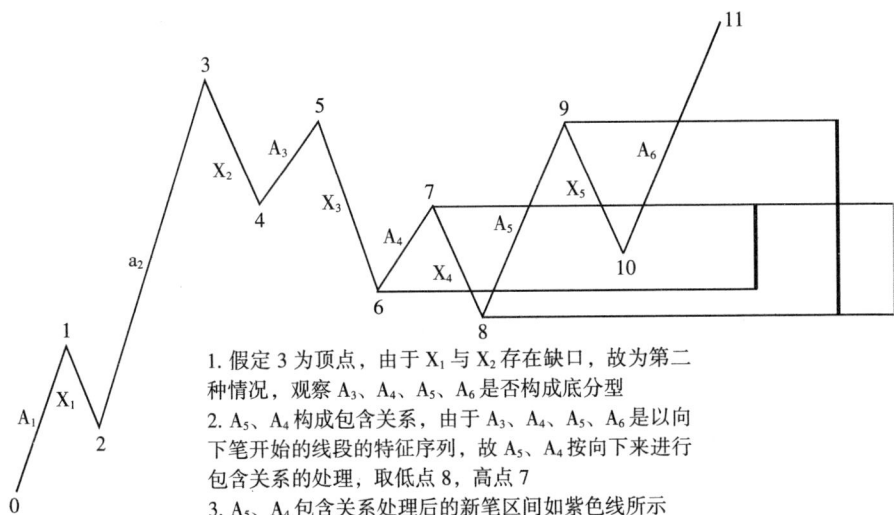

1. 假定 3 为顶点，由于 X_1 与 X_2 存在缺口，故为第二种情况，观察 A_3、A_4、A_5、A_6 是否构成底分型
2. A_5、A_4 构成包含关系，由于 A_3、A_4、A_5、A_6 是以向下笔开始的线段的特征序列，故 A_5、A_4 按向下来进行包含关系的处理，取低点 8，高点 7
3. A_5、A_4 包含关系处理后的新笔区间如紫色线所示

图 5-8　向上线段特征序列包含关系

性，这在缠论 71 课和 78 课中有大量地讲道。特征序列的包含关系对线段的划分非常重要，总的来讲主要有以下几条：

（1）特征序列的包含关系应该是同一特征序列中。不是同一特征序列中的元素不能加以包含关系处理。

（2）线段出现笔破坏之后，破坏的这一笔不能与原线段特征序列的元素加以包含关系处理，该笔不能确定是否属于这个特征序列。

（3）要在特征序列的基础上，扩大包含处理的关系，只要是同一性质的笔，都能够加以包含处理。而这里的同一性质，指的是在同一线段中同方向的笔。

（4）在线段不能确定结束之前，构成线段的笔都能够用包含关系来处理。

（5）特征序列元素与非特征序列元素包含关系的处理必须遵守 K 线包含处理的原则，只有相邻的元素才能加以包含关系处理。

六、如何确认线段被破坏

所谓线段就是对次级别走势的描述，它在本级别上可以看作是没有内部结构的。因为在本级别上，只需要了解次级别的开始与结束点，因此探讨线段的破坏就显得非常重要。实际上，在实际操作中划分走势最关键的点（转折点）则是线段的破坏点。

线段等同于一段次级别走势，线段被破坏，则能够理解是一个次级别走势的完成与结束。根据"缠论走势分解定理一"，任何走势都能够分解成同级别走势类型的连接，所以，这个次级别走势必然会被新的次级别走势破坏的。

简单来说，旧线段是被新线段所破坏的，线段在被破坏这一刻才算是结束，才算是完成，与此同时，新的线段就产生了。

1. "线段被笔破坏"的定义

前面已经讲过，线段有两种：一种是从向上一笔开始的；另一种是从向下一笔开始的。

（1）对于从向上一笔开始的来说，其中的分型组成这样的序列：$d_1 g_1 d_2 g_2 d_3 g_3 \cdots d_n g_n$（其中 d_i 表示第 i 个底，g_i 表示第 i 个顶）。若找到 i 与 j，$j \geqslant i+2$，使得 $d_j \leqslant g_i$，则称为向上线段被笔破坏。

（2）对于从向下一笔开始的来说，其中的分型组成这样的序列：$g_1 d_1 g_2 d_2 \cdots g_n d_n$（其中 d_i 表示第 i 个底，g_i 表示第 i 个顶）。假如找到 i 与 j，$j \geqslant i+2$，使得 $g_j \geqslant d_i$，则称为向下线段被笔破坏。

上面所讲的"类数学"的定义是非常抽象的，我们来看一个实际例子。图5-9为1分钟图，是一个从向上笔开始的线段，其中，$d_4 \leqslant g_2$（图中是 $d_4 < g_2$），这则是"向上的线段"被笔破坏了。

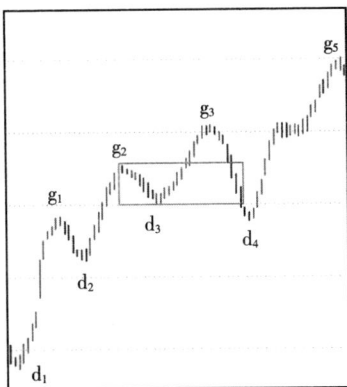

图 5-9　向上的线段被笔破坏了

然而，被笔破坏以后，线段的结构是否被破坏了？答案就是：未必，必须要看后面怎么走。

我们依然将线段当作次级别走势，从"类中枢"的角度进行分析：在图 5-9 中，$g_3 d_4$ 这一笔破坏了线段以后，转过身来向上创下新高，从而使 g_2~d_4 之间重叠部分只是 3 笔形成的线段级别的"类中枢"（见图中方框，区间是 $[d_3, g_2]$），并没有形成 1 分钟级别的中枢（1 分钟级别的中枢必须由三条线段重叠来形成），没有形成 1 分钟走势类型，换言之，从 d_1 到 g_5 还是一条线段，这条线段的结构并没有由于被笔破坏而发生性质的变化。

经过对上面实例的分析，可以证明，笔破坏不一定使得线段破坏，线段破坏必须是被另一条线段破坏。

2. 线段分解定理

线段被破坏，至少被有重叠部分的连续三笔的其中一笔所破坏，但只要构成有重叠部分的前三笔，则一定会形成一线段，也就是说，线段破坏的充要条件就是被另一条线段所破坏。

3. 线段破坏的两种形式

第一种情况就是新线段直接破坏旧线段的结构，这就是线段破坏的基本形式。

例如，下跌的线段，其后高点必须低于前低点，假如"有重叠部分的连续三笔的其中一笔"的高点不低于前低点，则是原来的线段的结构被破坏了。

线段一定要被破坏才算是结束，但特别强调的是，线段一定要被线段破坏才算是真破坏，单纯的一笔是不能破坏线段的，如此规定，就回避了许多特殊的偶然因素对走势的干扰。例如，若第一笔出现笔破坏之后，然后的一笔就创新高，并且再后一笔，根本就不触及笔破坏那一笔，则此时，明显不能构成线段对线段的破坏，由于后面这三笔没有重合，不可能组成一线段。

在图 5-10 中，若新线段破坏了旧线段的结构，那么就会使得旧线段从"现在进行时"变成"现在完成时"，并使得这个旧线段得以确认。与此同时，新线段也就会诞生，这时候，新线段便进入了"现在进行时"。

线段破坏的
基本形式

图 5-10 线段破坏的两种形式

第二种情况就是新线段的完成，让旧线段得以确认。

旧线段 A 没有被新线段 B 破坏（B 没有跌破或者突破 A 的前高、低点），然而后面更新的线段 C 破坏了线段 B，从而使线段 B 成为"完成的"，并且它前面的线段 A 也必须是完成的。

在此情况之下，必须要等到 C 破坏了 B 时，B 与 A 才能同时得以确认。

在图 5-11 中的三段走势，则是此情况。

总的来讲，对于线段的概念，我们必须从线段的形成、线段的延续以及线段的破坏等几方面去深入体会。

情况 2

图 5-11　新线段的完成，让旧线段得以确认

上面所说的是线段破坏的两种情况的完全分类，这就是确认线段结束的根本所在。

不过，在实际操作中，还可以运用类似背驰的方法预先判断线段的结束：通常来说，线段的结束与大级别的走势段是相同的，在趋势中运用背驰来确认，其他情况应用盘整背驰来确认，假设有突发性事件，那么就要看第二类的买卖点，它的道理是相同的，只是所用到的级别特别小而已。但必须明白，这并非是最后的确认，只是一种预测。

4. "笔破坏"与"线段破坏"的关系

笔破坏和线段破坏，则是两个不相互包含的概念。并非是笔破坏就必须线段破坏，也不是线段破坏必须要被笔破坏。

很明显，在第一种情况下线段破坏时，一定是笔破坏的。在第二种情况下线段破坏时就不一定了。相反，线段破坏若不是笔破坏，则必须是第二种情况。

而笔破坏为何必须单独提出来？是由于笔破坏有着动力学上的意义。

缠论有一部分的内容跟物理学有一点相似，则是研讨动力学方面的东西，在此方面，我们现在接触最多的则是背驰，而笔破坏，它是属于动力学方面的内容，这在后面会逐步讲到的。

5. 线段破坏的两种心理基础

如果一个线段的破坏转折，就必须要有三个特征序列分型的折腾，如此，市场买卖双方才有足够的时间去反应，从而体现出的合力痕迹，当然具有一定的延续性。而一个线段，至少由三笔构成，这也是让转折后的新线段，同样能够使得合力得到充分体现，将这两个不同方向的线段进行比较，买卖双方在相应时间内的心理、实力对比，便十分清楚了。

线段破坏的两种方式，它们具有很多不一样的心理面。

线段破坏的第一种方式。第一笔攻击便会直接攻破上一段的最后一次打击，证明这反攻的力量是巨大的，再回来一笔，表示了原方向力量的又一次打击，然而反攻力量抗住并又一次反攻形成特征序列的分型，这就证明了，这反攻至少导致了一个停歇的机会。最坏的情况，则是双方都稍稍地冷静一下，去选择又一次的方向，而这正好造就了最小中枢形成的心理基础。

线段破坏的第二种方式。实际上就是以时间换空间，反攻开始的力量非常弱，必须经过慢慢的积累，这一方面表示了原方向的力量极强，另一方面又需要密切关注是否会产生骨牌效应，也就是开始的反攻力量极小，可以快速地蔓延开，这通常证明，市场原方向的分力，它的结构具有趋同性，一旦有一点风吹草动，便会集体转向。

通常来说，线段破坏的第二种方式，一旦产生了骨牌效应，至少必须回到前一高、低点范围之内，这则是市场上冲顶与赶底时发生的 V 字形走势。

七、按照分段操作原则

图形都是非常随意的，看起来不错的图形，但大趋势不好，瞬间就会变坏，最关键的就是判断基础不错的图形是如何向好的方向持续发展，图形背后就是预期，大趋势是影响预期的最主要因素，大趋势突变，预期就会突变，交易心理也会突变，原先的合力基础根本就不存在了。如果合力基础不存在了，那其后就会是下跌、扩展或是盘整。而下跌是从第一笔开始的，第一笔对下跌、扩展以及盘整来说，都是一样的。如果第二笔不创新高，扩展便排除。第三笔是否止跌，则是下跌与盘整的分水岭。这就是分段操作规避风险的基础。

缠论曾说过："有一种错误的思维一定要消灭，否则死无全尸。千万别有等下一大级别再如何如何的想法。10000 点跌到 6000 点反弹到 8000 点，然后到 2000 点再反弹到 4000 点，相对 6000 点到 8000 点，2000 点到 4000 点是不是大扬？但这有什么用？不会分段操作，一味死扛的根本不该到股票中来，股票就是分段操作的，下一段就算有天大的宝贝，都和当下这一段无关，任何的操作只关心当下的苹果，吃到就是英雄，否则就是垃圾。"

他是这样解释的："本质上是最好的一套分段原则，这一套原则，可以随着市场的当下变化，随时给出分段的信号（注：分段原则→分段信号→分段操作，预测什么！）。其实在任何级别都有一个永远的分段：X ＝买点，买入；X ＝卖点，卖出；X 属于买卖点之间，就持有，而这持有的种类，如果前面买点、卖点没出现，就是股票，反之就是钱。按照分段函数的方法，就有这样一个分段操作的最基本原则。因此，如果真学习和按本理论来操作，就无须考虑其他系统，或者说其他系统都只能是参考。解盘的时候，之所以经常说均线、高点连线之类，只是为了照顾没开始学理论的人，并不是觉得那种分类有什么特殊的意义。任何时候都自然给出当下操作的分段函数，而且这种给出都是按级别来的，所以反复强调，先选择好自己的操作级别，否则，本来是大级别操作的，看到小级别的晃动也晃动起来，那是有毛病。"

缠论通过分段操作来规避风险。其实股票操作就是分段操作，坚决地去执行操作级别的买卖点。

八、线段操作方法

　　走势，可以分解成线段和线段的连接，根据线段的买卖点所处的位置以及线段延伸的情况，可以把线段的延伸方式分为三类：盘整、趋势、扩张。这就演化出了一种单纯依靠线段的操作方法，这里比较有操作价值的是趋势和扩张，当然，如果是盘整的话也没有问题，只要节奏跟上，获利是可以保证的。

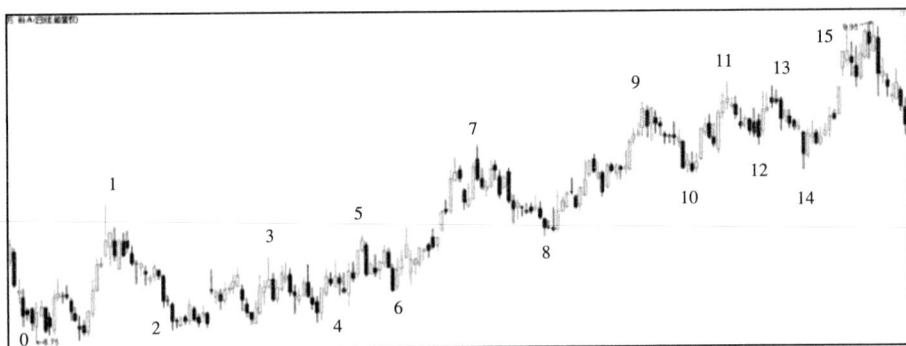

图 5-12　盘整、趋势、扩张

　　图 5-12 是万科 2011 年 9 月 29 日到 2012 年 7 月 17 日的走势，图例只是举个例子，不可能所有股票的走势都会百分百符合标准，切莫被图例误导，一个线段反转的买点之后，也可能是一笔力度很小且不创新高的反弹，关键还是要去看当下走势。

　　0 点之前至少是一个线段级别的下跌。0 点是一买，2 点是二买，0 到 1 包含 2~3，处理好包含关系，0~5，确认线段级别反转，那么 6 点，就是线段反转的买点。买入之后，根据线段延伸的情况来操作，6~7，力度不错，8 点是扩张三买，此时线段走势就有延伸出扩张走势的可能性。所以继续持股，8~9，相对 6~7 盘整背驰，所以在 9 点的时候，就要做好日线笔中枢震荡的准备。当然，这里不操作也没问题。10 点跌破 7 点，这向上线段被笔破坏。之后的 10~11 力度小于 8~9，所以，11 点可以先出掉，后面即使不下跌，至少也会有一个震荡的过程。确定 12 点的位置之后，就中枢震荡操作一把，当然，11 点出掉之后不操作也没事，可以等一个向下线段出来并且走完之后再继续找买点操作。因为这个扩张走势已经出来，后面即使还有上涨，多半也会是这个线段的背驰性上涨，如果不是背驰性上涨，那就会有三买，到时三买再买回来也不迟。

15 点出来之后，可以把整个走势看成是一个趋势走势，1~6 第一个中枢，9~14 第二个中枢，15 点背驰。15 点之后是一个线段级别的下跌，这个下跌结束之后，用同样的方法，可以找到 2012 年 11 月 19 日那个线段反转的买点，而这个之后，是一个主升。

用线段操作的重点是根据线段内部的走势，为线段延伸的情况分好类，再以此操作。

第六章　缠中说禅 T+0 战法 6：利用均线做 T+0

一、均线做 T+0 的法则

缠论认为，均线理论的使用在技术分析应用中十分普遍，其使用方法也有很多，例如，用 MA（简单移动平均线），也有人用 EXPMA（指数平滑移动平均线）或者其他等。均线里面的参数是可以随意设置的，常用看盘软件中默认参数，如 5、10、20、30、60、120、240，还有的朋友用斐波那契神奇数字作为参数，如 5、8、13、21、34、55、89、144、233。大量的历史统计与多年的实战经验告诉我们，任何一种均线和任何一套均线的参考都是有参考价值的，关键是会不会用，其实，认真研究，你会发现均线是有规律的。

我们仅以 MA（简单移动平均线）为例，参考常用软件上默认的参数：5、10、20、30、60、120、240。那么，该怎么使用呢？我们在做 T+0 中只使用重要均线。什么是重要均线呢？重要均线是指现在至过去的一段时间里，对股价有明显规律的那一条或多条均线就是我们所说的重要均线。那条均线对股价有明显的支撑或者压力就是对股价有明显规律。利用重要均线对股价的支撑或压力，我们做 T+0 就可根据此来买卖了。

（1）打开自己持股的股票的当日分时线，观察当日的均线（黄线），如果均线基本上是横向移动的状态，这就适合做 T+0 操作。

（2）如果股价在均线之下，并且远离均线（如和均线之间的股价差在 1% 以上），那么此时可以买入做 T+0。反之，如果股价在均线之上并远离均线，此时可以卖出准备做反向 T+0，如图 6-1 所示。

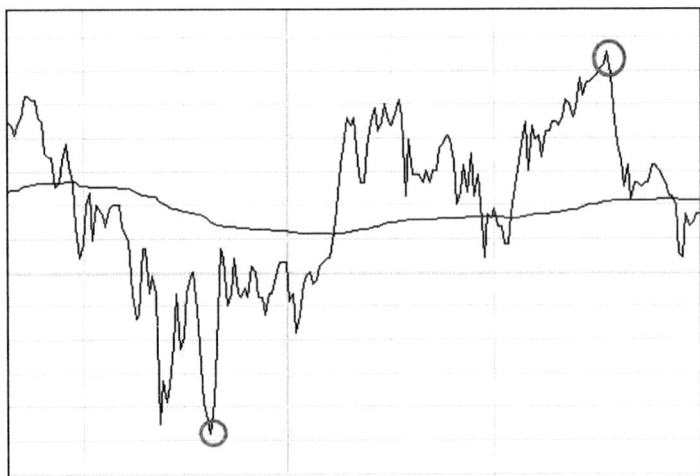

图 6-1 T+0 操作

（3）一旦买入或者卖出这步成交了，立刻下单委托 T+0 的第二步。差价根据当天该股的波动状况而定，也可以根据第一步成交价和当天均线价格之间的价差来决定。波动大，则价差可以大些；波动小，价差可以小些。

（4）如果当天分时线中的均线不是横向移动的，而是倾斜向上的，这表明股价在上涨的同时放量，这就不能做反向 T+0 了，否则就会 T 飞了，即卖出后再也没有买入的机会。同理，如果当天的分时线中的均线是倾斜向下去的，这表明下跌同时伴有放量。此时就不要做买入的 T+0 了，买入之后就变成加仓而可能就没机会卖出了。

下面我们通过案例了解一下重要均线买卖策略是怎么一回事，增加感性认识。如图 6-2 所示，这个是 2011 年 10 月的凤凰股份（600716）。

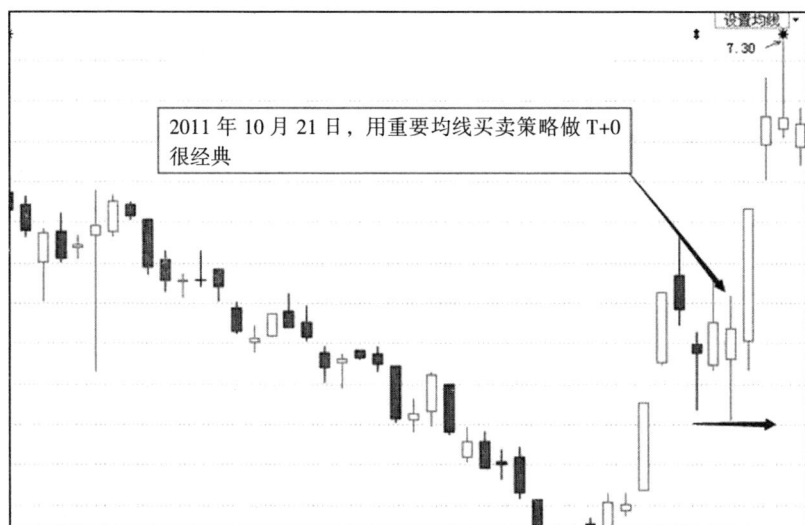

图 6-2　重要均线买卖策略

　　这只股票是很好做 T + 0 的，几乎那几天都可以做，我们将该图放大，并以 10 月 21 日为例，看看咱们应该具体怎么操作。该股近期 10 日线是重要的阻力线，那么突破后也就变成了重要的支撑。我们就是要通过 10 日均线进行买卖，在均线处位置买入，持股获利后即可出局，但要记住，我们是做的 T + 0，是日内买卖，获利后必须通过不断提高止盈位保护到手的收益，从中我们可以看出，若从 10 日均线的 5.45 位置买入，哪怕是在 5.9 这个位置出局，我们仍能获利 8 个多点的收益 [（5.9-5.45）/5.45=8.3%]。很明显，比我们持仓待涨要强很多，如图 6-3 和图 6-4 所示。

　　股价无时无刻不是处于变动状态，也因此给了我们更多操作的机会。当股价处于调整时，投资者就可以通过技术分析做 T + 0 来赚取收益，扩大自己的利润，并且享受操作带来的乐趣。这就是均线理论带给我们的一个很好的做差价方法。

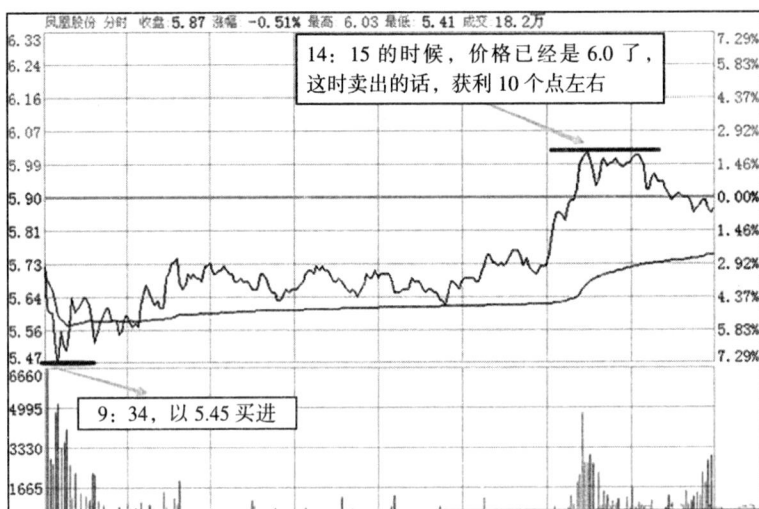

图 6-3　当日分时图

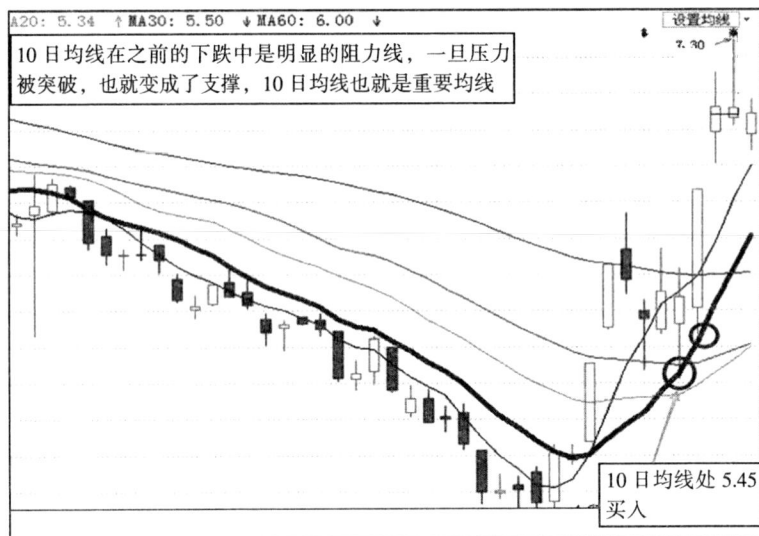

图 6-4　重要均线——10 日均线

二、做 T 的关键要看分时均线

缠论认为，做 T 的关键就是要看分时均线，股价在均价线上方远离均线的时候卖出，股价在均价线下方远离均线的时候买入，如图 6-5 所示。

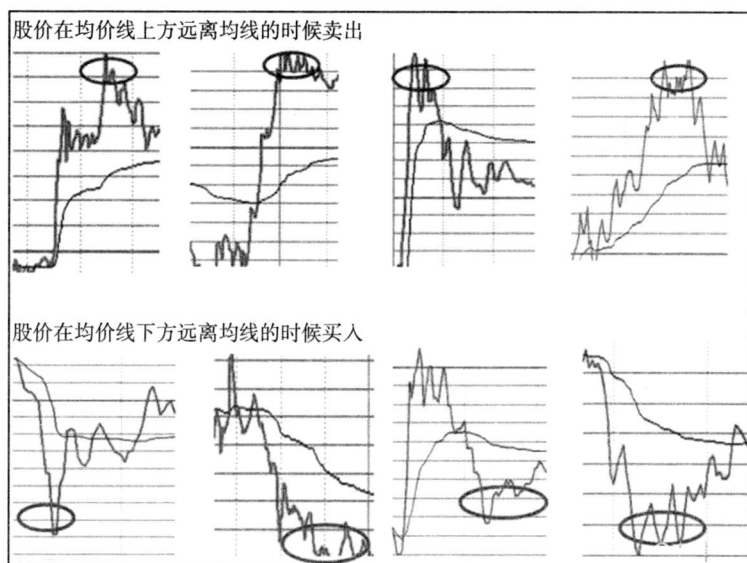

图 6-5　下方买入上方卖出

大盘高开高走，个股单边上扬行情，一般不做 T，或只看 1 分钟线在一个分时调整波段内做 T，要求 10 分钟完成买进和卖出整个操作。

大盘低开低走，个股单边下跌行情，一般做倒 T，即先卖出再买回，或者只卖出不买回，等第二天早盘低点。

震荡牛皮市可根据情况做正 T 或倒 T。

1. 做 T 的几个口诀

（1）上升趋势下，每次回踩均线或上升趋势线的下跌都是买点，如图 6-6 所示。

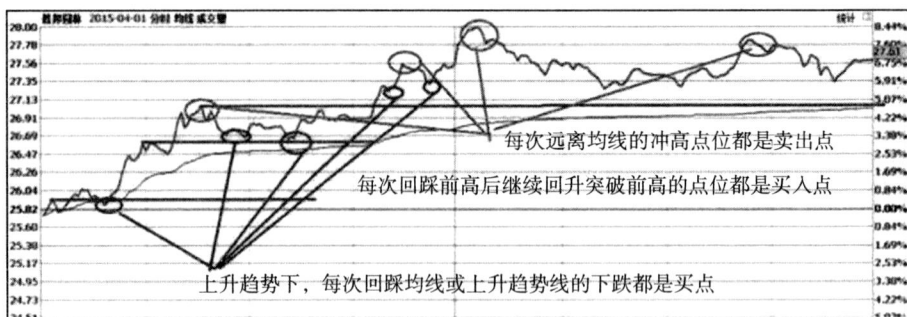

图 6-6　下跌都是买点

（2）下降趋势下，每次反抽均线或下降趋势线的冲高都是卖点，如图 6-7 所示。

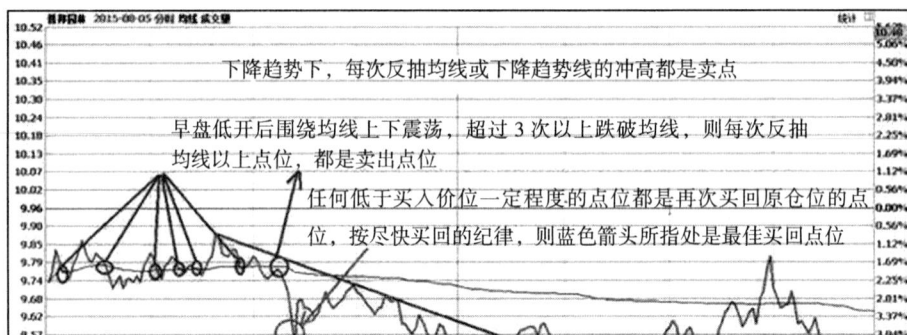

图 6-7　冲高都是卖点

（3）震荡趋势下，每次碰箱体上沿是卖点，每次踩箱体下沿是买点，如图 6-8 所示。

2. 判断趋势的常见分时形态

（1）上升趋势。

低开后快速冲上均线并通气向上，均线跟上（带量上攻），如图 6-9 所示。

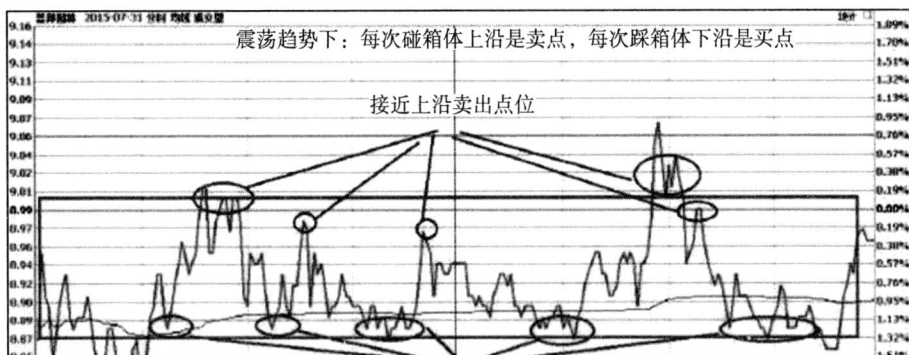

图 6-8 箱体下沿是买点

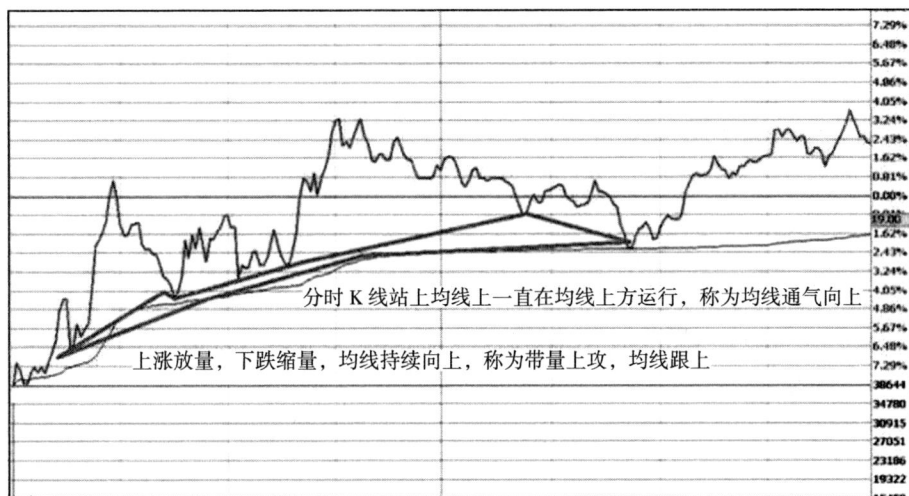

图 6-9 上升趋势

高开后高走，均线向上通气，后浪底高于前浪顶，均线跟上（带量上攻），如图 6-10 所示。

向上过前高后回踩前高点后继续向上，均线跟上（带量上攻），如图 6-11 所示。

（2）下降趋势。

低开后反抽不过前高且高点下移，均线跟下，如图 6-12 所示。

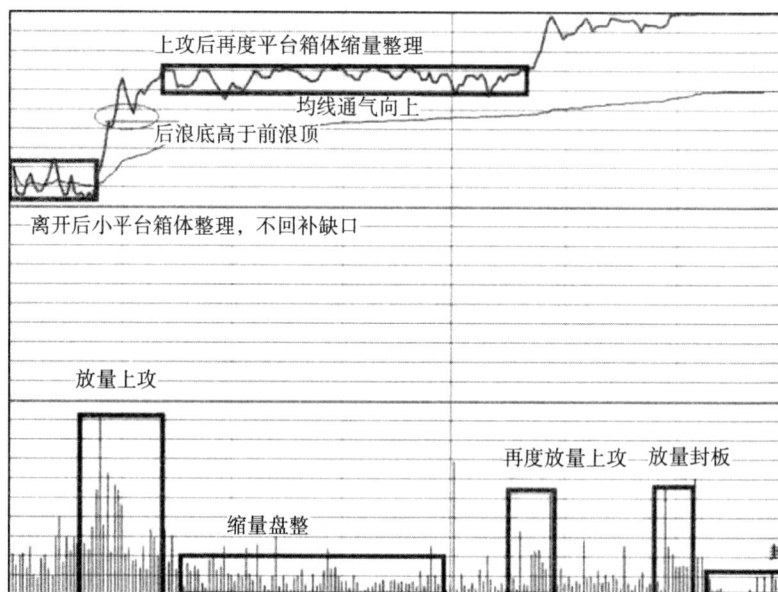

图 6-10　带量上攻

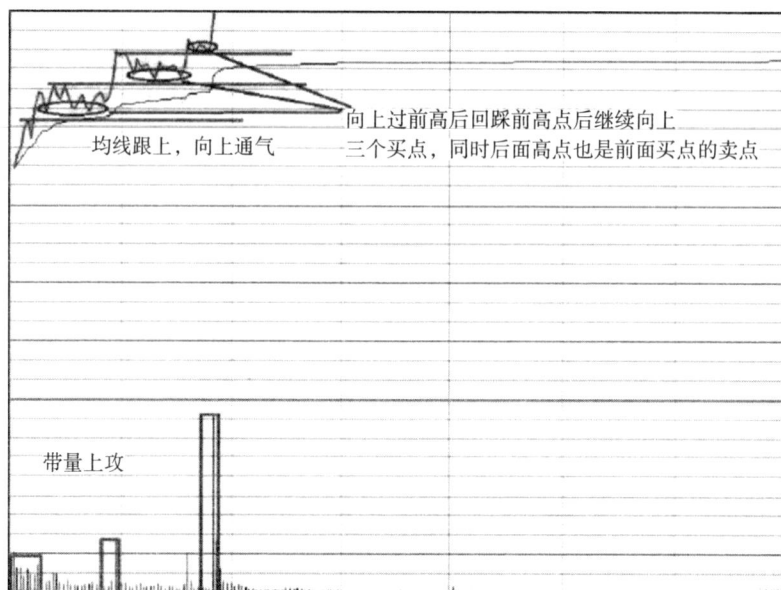

图 6-11　均线跟上

注：后两个例子也是追涨停板的两种分时判断方法。拉涨停板有 N 种，常见的有一字板、双龙出海 3、5、7 浪涨停，红旗飘，冲天炮，平台突破，阶梯盘升等。

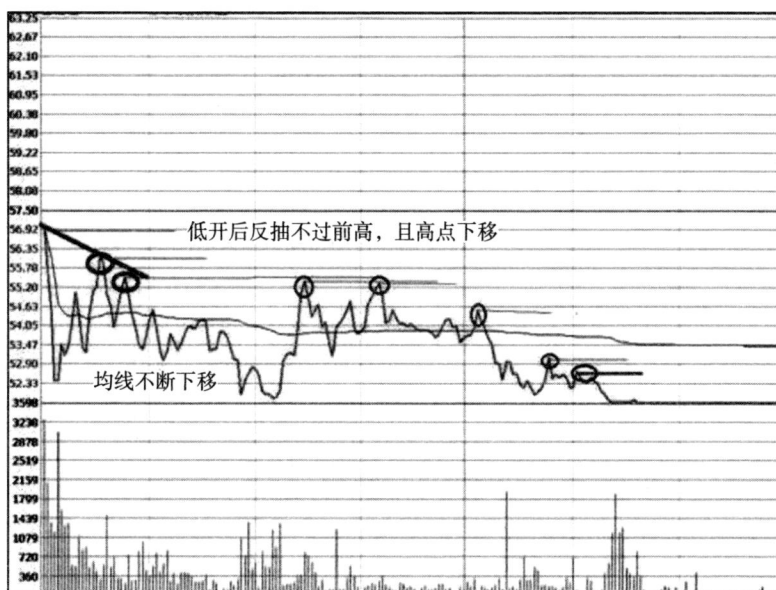

低开后反抽不过前高，且高点下移

均线不断下移

图 6-12　跌板价下方等待买点

低开低走，均线向下通气，一浪低于一浪，如图 6-13 所示。

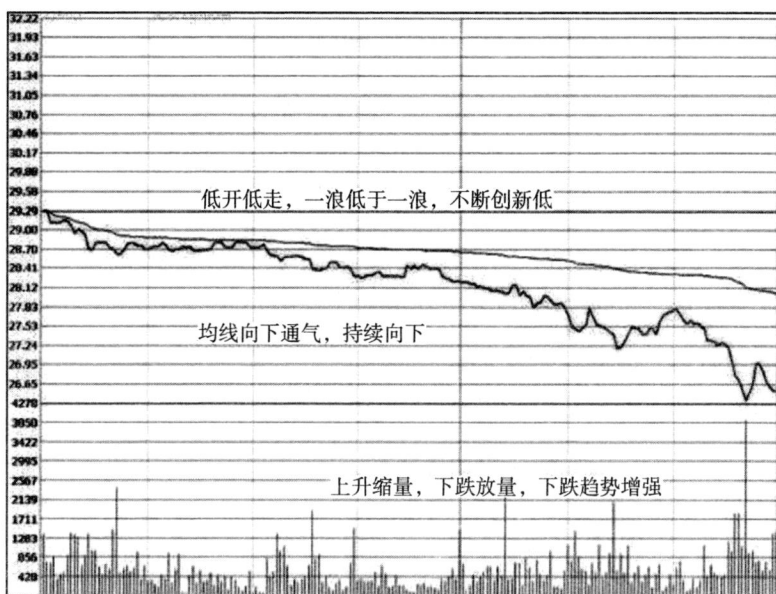

低开低走，一浪低于一浪，不断创新低

均线向下通气，持续向下

上升缩量，下跌放量，下跌趋势增强

图 6-13　缩量上涨放量下跌

高开低走跌破均线后反抽不过前高，出新低，如图 6-14 所示。

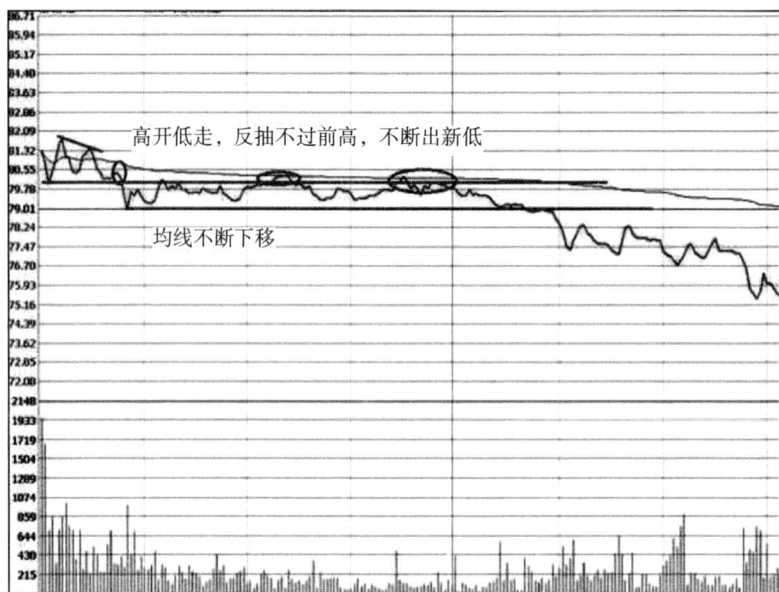

图 6-14　均线不断下移

三、弱市中均线做 T 的技巧

日 K 线中的 5 日、10 日、20 日均线向下前提下做 T+0。

（1）60 分钟均线设置为 4、8、16。4 小时也代表 1 天，8 小时代表 2 天，16 小时代表 4 天（沪深股市每天开市 4 小时，故如此设定）。

买卖点把握如图 6-15 所示。

60 分钟 K 线图，4 单位线拐头向上买入，拐头向下卖出。

（2）动态持股做 T+0，降低手中筹码成本。

作用：降低手中筹码成本。该方法适合股票股性活跃，每天有 3%~5% 波动的个股。

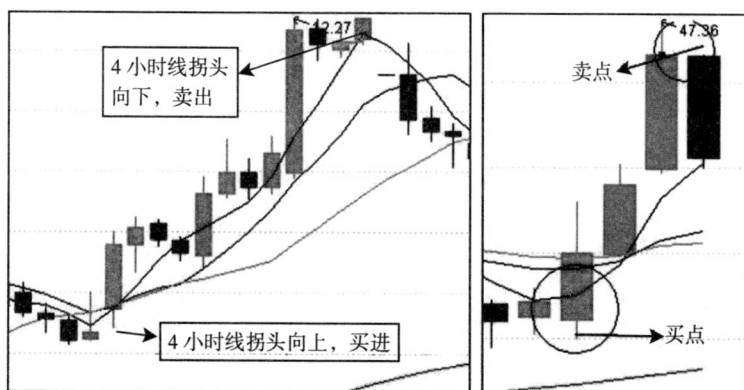

图 6-15　拐头向上买入

　　做 T 的原则以早盘开盘 15 分钟左右的黄线均价线作为价格参照为主，黄线上六格卖出，黄线下四格买入，做 T 最好要有底仓，如图 6-16 所示。

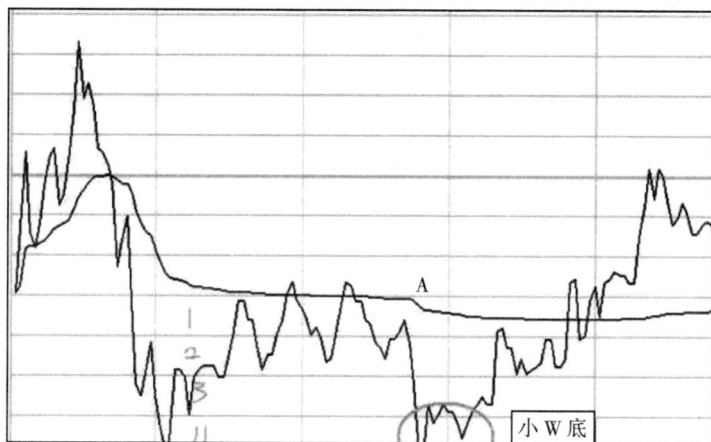

图 6-16　做 T 最好要有底仓

　　600172 在 4 月 29 日的走势，半个小时后，股价都是跌到黄线 A 下四格，最好的是随后在分时图上出现了小 W 底的走势，这时 600172 企稳了，关键是在随后的走势中下方的成交量控制得很好，并未放大，很规则，线下四格买入。下午两点半后拉升卖出相同数量的以前筹码，如果拉升幅度特别小也最好卖出，这样可以保留现金等下一个交易日再操作。

（3）5分钟K线和MACD看T+0操作时机，如图6-17所示。

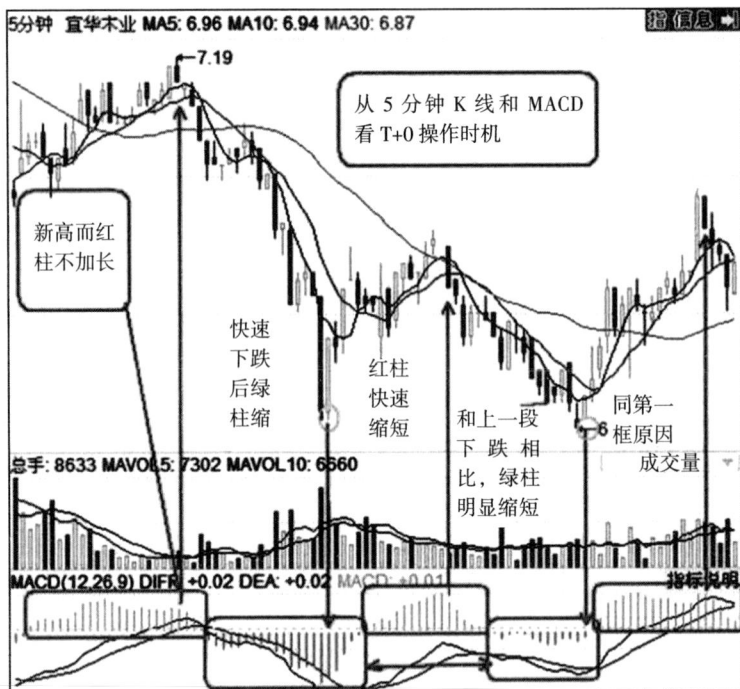

图6-17　五分钟K线和MACD看T+0操作时机

第七章　缠中说禅 T＋0 战法 7：把握高抛低吸经典战法

一、T＋0 短线交易指标——高抛低吸

缠论说，高抛低吸是股票投资的有效战术，高抛低吸几乎成了投资者炒股的座右铭，然而成功者寥寥。何以如此呢？是操作技术难度太大？非也。而是人性的弱点——贪婪所致。当手中所持有的股票股价腾空飞升时，征服的欲望会改变思维的导向，变成无限膨胀的盈利欲望，涨了一波之后，仍捂股盼着第二波、第三波。涨了一个涨停板，还等着第二个、第三个涨停板。股价冲高回落时，瞪着双眼望着逐波下调的股价，甚至这只股票回到了启动点位时，期望获得最高价的欲望已经定格在自己的内心深处，不愿减利或止损出局而失去获利的机会。

高抛低吸要果断且快速进出，稍一犹豫就会失去最佳的机会。机会是时间流动中的闪现，失去后难以获得相似的机会。股市的机会是稍纵即逝的。

把握机会利用时间差获利是炒股的重心之重心、焦点之焦点、核心之核心，盈亏就是在这关键的瞬间决定的。

高氏股经中做如下解：

1. 明白"高抛低吸"指标含义

高抛：提示投资者可离场。

出：与高抛信号意义相同，但其信号强度相对于高抛偏弱些，投资者可考虑减少部分仓位。

低吸：提示当日最优进场点。

入：与低吸信号意义相同，但其信号强度相对于低吸偏弱些。提示发出"出"信号后，提示当日较好的进场点。

2. 高抛低吸的理念

切记一点，高抛的理念是：

忘记股票成本价。高抛不能以是否获利来决定高抛的操作，而是以技术上超买或技术形态上决定的相对高抛。

如果高抛成功了，低吸操作就很容易。相对以上指标，当动态股价背离 5 天线之下，布林线触及中轨或下轨时，J 值在 20 以下或负数时，分时股价从背离均价之上迅速下行至均线之下时。对短线而言，都可进行回补仓位。

低吸的理念是：有差价就捡回来。操作要领，以以上五天的反向指标为依据。盘中差价有 2%~3%时，就可补回高抛的个股。如果大盘震荡，差价就更可观了。

说了不少高抛低吸的技巧，下面我们来通过大牛股形成的一些特性和主力运作的一个手法来剖析高抛低吸的精髓。

（1）低位，低价，这表明主力吸货的成本低，拉升空间大，如图 7-1 所示。

解读近期一些大牛股的共性：
1. 低位低价
2. 长期横盘（周期 4 个月以上）
3. 横盘期间有主力明显的操盘手法：如"红肥绿瘦""次高位吸筹""单阳不破""空中加油"等明显的主力运作手法
4. 横盘末端缩量挖坑
5. 跳空上升（有跳空的证明强势，也有一些无跳空的）

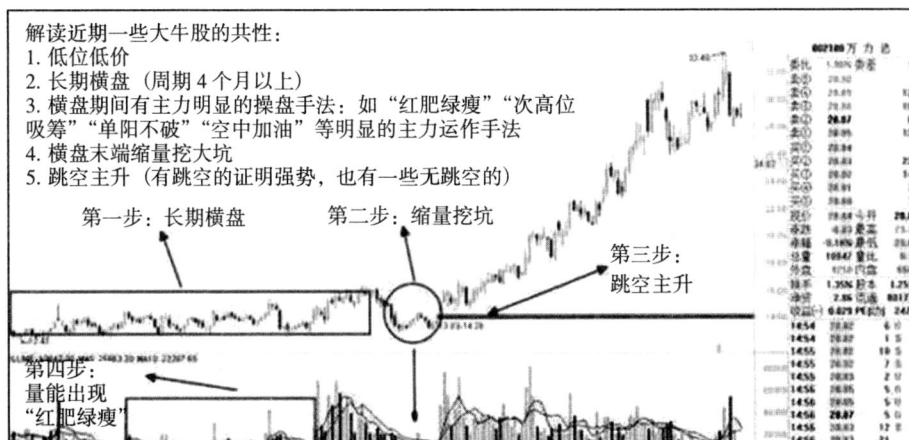

图 7-1　主力吸货的成本低

（2）长期横盘 4 个月以上，这基本就是一个主力的长期吸货期，如图 7-2 所示。

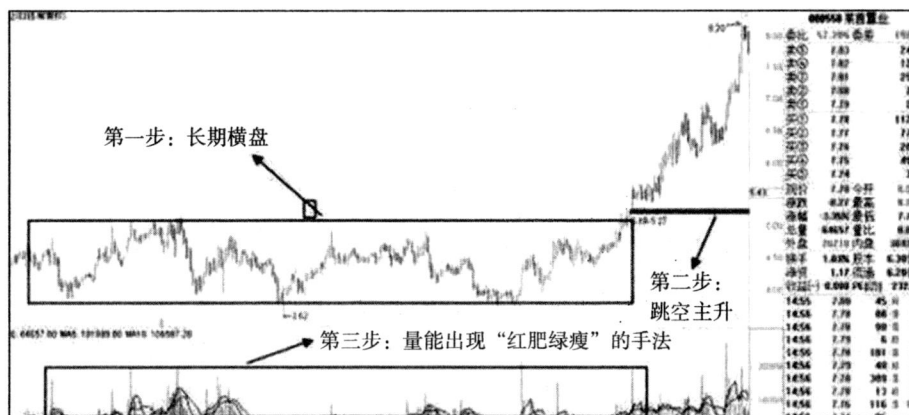

图 7-2　长期横盘 4 个月以上

（3）横盘期间有明显的主力操盘手法：如"红肥绿瘦""次高位横盘吸筹""单阳不破""空中加油"等明显的主力运作手法，如图 7-3 所示。

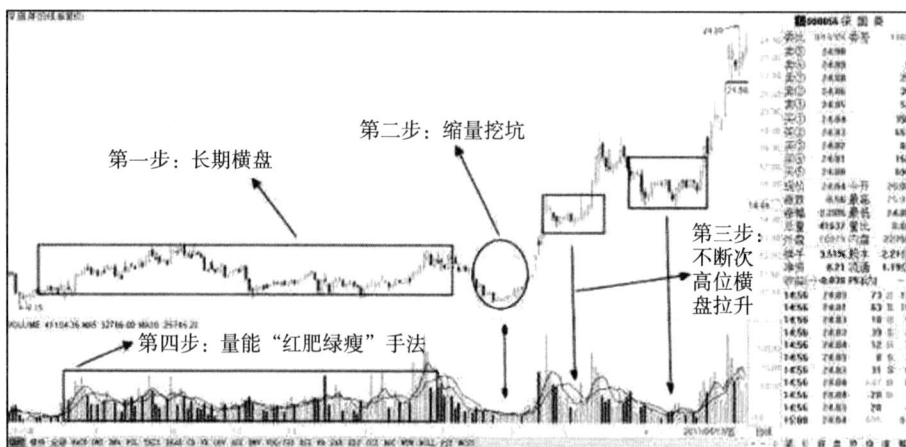

图 7-3　横盘期间有明显的主力操盘手法

　　如果购买介入的股票出现上涨，或卖出时的股票出现下跌，都可以被称为正向运行，进行的二次（反向）操作就可以叫作正差操作。但需要注意的是，在扣除交易成本后仍能够获得收益的操作才是真正的"高抛低吸"。如果去除交易成本前是正差，但去除后出现亏损的情况，这种操作表面上虽然看作"高抛低吸"，但实际上是相反的。

　　在这里值得一提的是，在"高抛低吸"的交易品种方面，既可以是单一品种自身，也可以在具有可比性的不同品种之间进行。在交易时机方面，既可在较长的时间段里进行"高抛低吸"，如半年、一年甚至更长，也可在较短的时间里进行，如几个交易日、当天，甚至单日之内在有底仓情况下反复操作。在交易结果方面，要求只有一条：正向操作、正差收益，流畅时多交易，梗阻时宜观望，切不可心态失衡、追涨杀跌。

二、高抛低吸操作的精髓

　　在很多人的认知里，高抛低吸通俗易懂就是"低位买入，高位卖出"，的确是可以这样理解，可是如何做好高抛低吸就成为非常关键的了。

1. 短线高抛低吸技巧

第一，从 K 线上看，动态股价背离 5 天线时，可以进行高抛操作。

第二，从布林线看，当布林线走出上轨时，可以进行高抛操作。

第三，从 KDJ 指标看，当 J 值达 90 以上或 100 以上时，此时卖出，近一周内应有可观的差价。

第四，从分时走势看，当个股异动或上涨之后，其股价超出均价（黄线）过高时，可果断卖出，快则几分钟就会有差价；慢则 1 个小时，股价回归均价的可能性很大。

第五，当判断大盘指数即将下跌或跳水时，由于大盘的震荡，必将引发个股的震荡。这个时候的高抛，是结合大盘震荡而进行相应操作的。

2. 最佳低吸机会

（1）在底部横盘、不受大盘涨跌影响的股票，随时吸纳都安全，特别是 K 线的最后一根阴线或开始启动向上突破时是最佳的低吸机会且获利空间巨大。股市上的众多黑马股都曾出现过这样的走势。

（2）K 线图长期空头排列，股价连下了几个台阶，跌破所有均线仍未止跌，日成交量呈现逐步萎缩状，K 值呈负值，J 值在负值 10~20 处多日钝化，乖离率在 1~10 以上钝化，强弱指标在 10 以下钝化。如果出现上述一个特征的股票都会有一定的涨幅，上述特征都具备的股票涨幅会十分巨大，获利不仅可靠，还十分可观。

（3）大盘受到利空消息的刺激连日暴跌，个股股价纷纷跌至历史底部，跌幅大多为 10% 以上，此时吸纳任何一只股票都可获得意想不到的收益。

3. 最佳高抛形态

这是三只股票的日 K 线，图 7-4 中显示，股价均背离了 5 日均线，可以进行高抛操作。

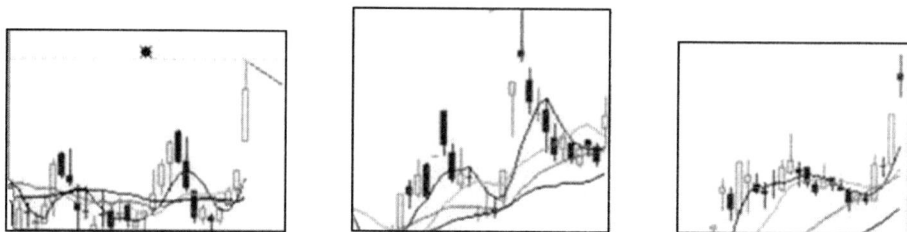

图 7-4　股价均背离了 5 日均线

从布林线看，当布林线走出上轨时，可以进行高抛操作，如图 7-5 所示。

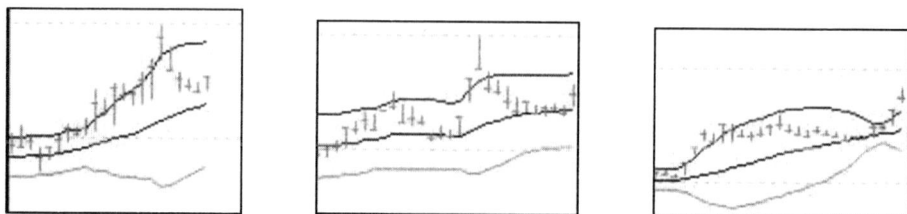

图 7-5　当布林线走出上轨时

从 KDJ 指标看，当 J 值达 90 或 100 以上时，此时卖出，近一周内应有差价，如图 7-6 所示。

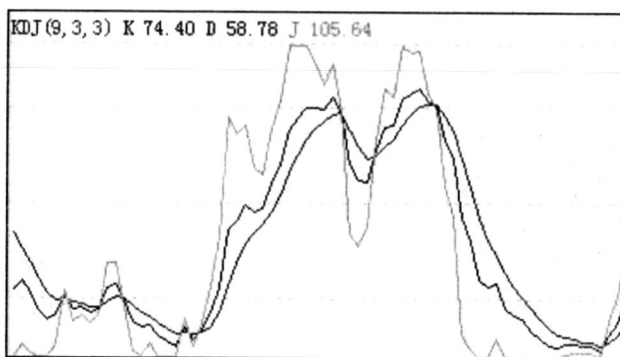

图 7-6　从 KDJ 指标看

上面讲的阶段性高抛，下面说短线分时超买高抛。

从分时走势看，当个股异动或上涨之后，其股价超出均价（黄线）过高时，可果断卖出，快则几分钟就会有差价；慢则 1 个小时，股价回归均价的可能性很大，如图 7-7 所示。

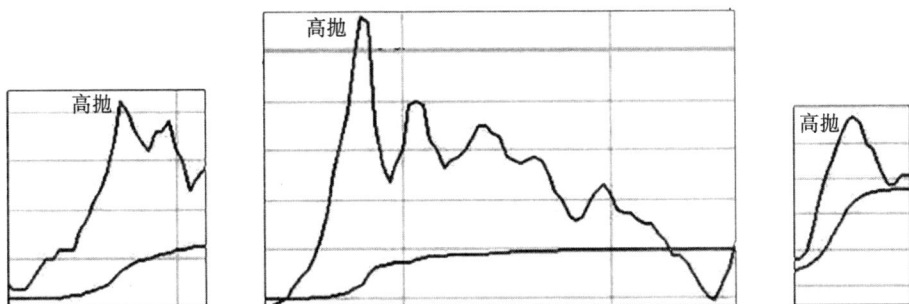

图 7-7 短线分时超买高抛

当判断大盘指数即将下跌或跳水时，由于大盘的震荡，必将引发个股的震荡。这个时候的高抛是结合大盘震荡而进行相应操作的。

三、高抛低吸的正确姿势

缠论说，看似不难的高抛低吸为什么很多人做不到？原来有三大难题摆在投资者面前，制约着高抛低吸的顺利进行：一是买卖时机把握；二是仓位控制；三是患得患失。

解决这些难题的方法非常简单：计划加执行。投资者必须明白这样的道理，炒股的人谁都希望买得低些、低些、再低些，卖得高些、高些、再高些，但实际上根本不可能每次都能做到买得最低、卖得最高。只有养成操作前订好计划，设好心理价位，操作时严格执行这样的习惯，才能有效解决贪婪、恐惧等问题，做到涨时（越过计划的卖出价）敢卖、跌时（越过计划的买入价）敢买。

1. 高抛低吸原则

（1）只选取主要趋势向上，正处于上升通道的股票进行操作，绝不理会重要趋势明显处于下降通道的股票进行冒险；买进时最好选择在主要上升趋势良好，在中级上升趋势向上的拐点刚刚出现的第一时间介入，在主要趋势上轨遇阻回落的第一时间卖出；个股长期在低位横盘的股票，在放量向上启动的第一时间介入是比较安全的。

（2）大盘是个股的风向标，买进卖出时必须注意大盘的脸色，大盘的主要趋势和次要趋势均朝下时最好停止波段操作，确实有中长期上升趋势向上可以买进的股票时仓位也应该比较轻。买进整个大市处于大跌的时候，一定要暂停这种操作；不过，大市大跌数天之后，瞅准机会迅速来一下波段式操作，所赚必然更丰厚。

（3）只买进和持有在底部刚刚启动，或者刚刚脱离了底部区域的股票，短时间内股价已经翻倍的股票，原则上不参与；个股的庄家只有经过充分吸筹和洗盘后，才会大幅度地拉升，绝对不要参与各种不确定的刚刚开始的调整。

（4）努力学习技术分析理论，不断提高自己的分析、研判水平和实战能力，信心十足才会心态良好、情绪稳定，才会从图形中看到一般技术分析者难以破解的语言，永远不要相信小道消息和股评人事，只有不断完善自己的交易系统和提高操盘水平，才会找到打开财富宝库的金钥匙，赚到属于自己应该得到的钱。

2. 高抛低吸的实战方法

（1）指标高抛低吸法。

所谓的指标高抛低吸法就是根据技术指标所发出的买卖信号进行高抛低吸的方法，根据两个或三个短线技术指标的组合研判，找出高抛点和低吸点进行买卖操作，这样可以做到抛在相对高位，进在相对低位，从而降低成本扩大利润，如图 7-8 所示。

60 分钟 MACD 双金叉为买入信号；30 分钟 MACD 白线由上穿下黄线，即空中死叉，绿柱出现，为卖出信号。应该注意的是，这里的双金叉是调整一段时间后，由绿变红；空中死叉是有一定涨幅后，由红变绿。从 KDJ 指标看，当 J 值达 90 以上或 100 以上时，此时卖出近一周。

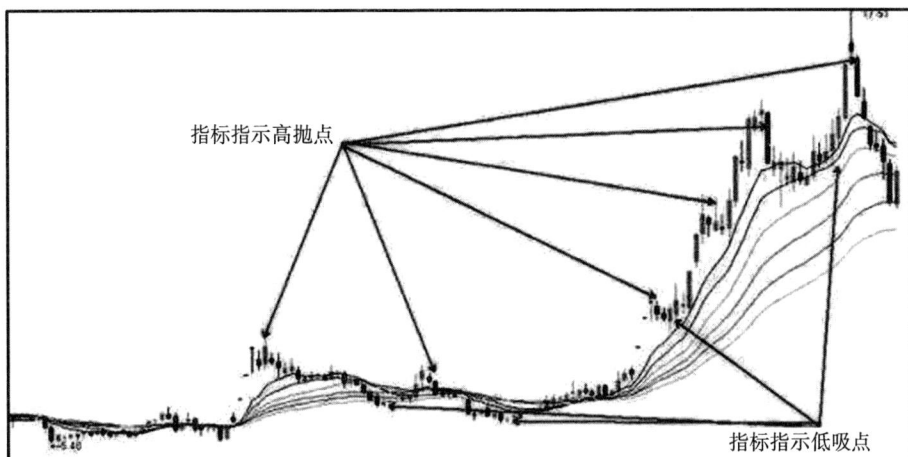

图 7-8　指标高抛低吸法

（2）均线高抛低吸法。

所谓的均线高抛低吸法就是根据股价和均线所处的位置股价离开均
线的空间而进行的买卖操作，一般情况下是以 5 日线和 10 日线为参考，
当股价远离 5 日线时可高抛（低吸），当股价返回到 10 日线附近时可低
吸（高抛），这是根据均线操作的高抛低吸的方法，如图 7-9 所示。

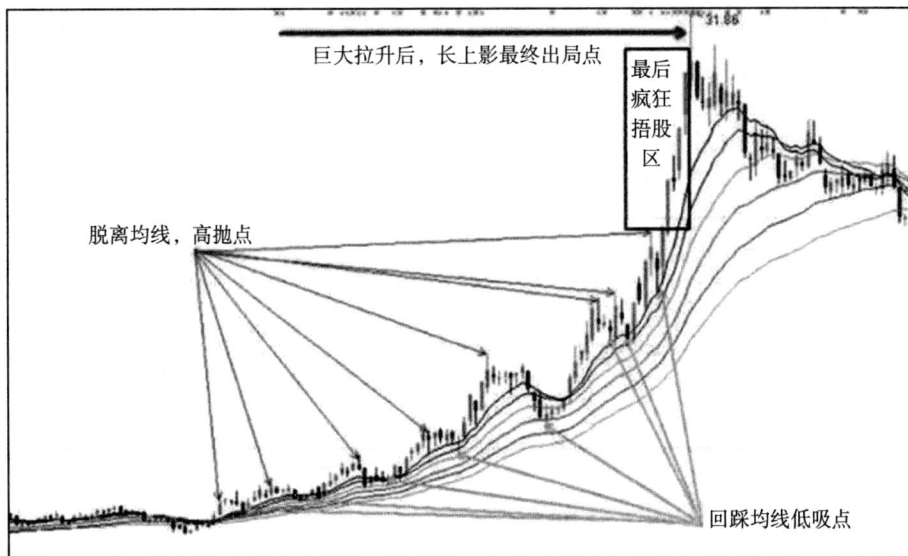

图 7-9　均线高抛低吸法

（3）趋势高抛低吸法。

所谓的趋势高抛低吸法就是根据股票的运行趋势而做出的高抛或低吸的方法，趋势高抛低吸法主要是依据趋势线进行操作，任何股票都有自己的运行轨迹，这一运行轨迹就形成了这一股票的趋势，操作者可进行画线分析，支撑线和压力线，当股价上行靠近或碰到或冲过压力线时高抛，当股价下行靠近或碰到或下穿支撑线时买进，这就是趋势高抛低吸法，这一方法需要画线，如图 7-10 所示。

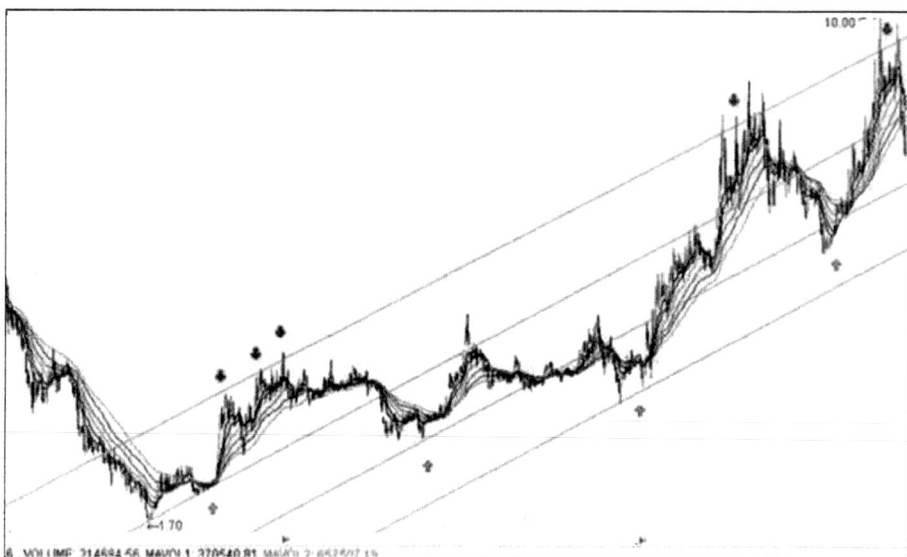

图 7-10 绿色买点，红色买点

当判断大盘指数即将下跌或跳水时，由于大盘的震荡，必将引发个股的震荡。这个时候的高抛，是结合大盘震荡而进行相应操作的。

3.高抛低吸法在具体操作时应注意的问题

（1）这种方法比较适合股性比较好的循环股。

只有那种股性比较好的循环庄股，才能保证当大盘上涨时有足够的把握跟随大盘上涨，且强于大盘；而当大盘跌时又会跟随大盘下跌，且回调幅度较深。这样才会有较大的差价可做，从而达到高抛低吸做差价以求解套的目的。

（2）应把握好高抛低吸的节奏和时机。

高抛低吸法的关键所在，就是把握好高抛和低吸的时机和节奏。股价上涨见顶时应及时抛售，然后耐心等待股价下跌，当股价确实跌不动并有底部反弹迹象时买入。

（3）高抛低吸法在实际操作中有一定难度。

原因主要有两个：其一是准确判断股价的顶与底本身就很不容易，关于这一点本身也就是股市投资员难解决的问题。其二是投资者的心理因素的干扰，使得高抛低吸很不容易做到。

四、各种十字星形态，学会高抛低吸

1. 长十字星

长十字星即上下影线均较长。虽然从外表看，长十字星似乎与普通十字星极为相似，但长十字星的振幅显示出市场格局将发生新变化，市场趋势将改变，特别是在高价位或低价位时出现长十字星，则意味着反转随时有可能出现，如图 7-11 所示。

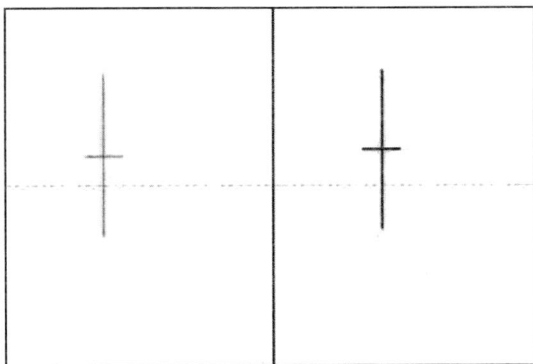

图 7-11　长十字星

2. T字星

T字星分为丅字星和⊥字星，丅和⊥形容十字星只带上影线或下影线。通常在股市处于缩量温和盘整阶段时，最容易出现。丅字星表示全天的开盘价、收盘价与最高价处于相同的一个价位，最低价小于这三个价位。如果其下影线较长时，表明个股现价的下档有一定支撑力度，股价下方有十分活跃的低位承接盘，但如果丅字星出现在已经有一定上涨幅度的位置时，也不排除有形成头部的可能，如图 7-12 和图 7-13 所示。

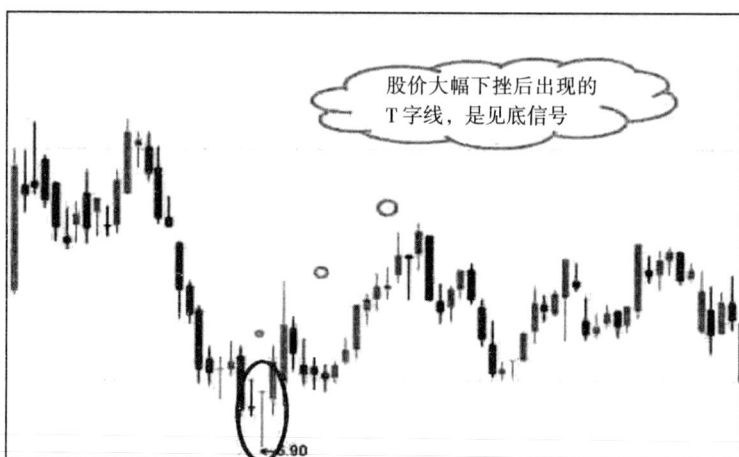

图 7-12 T字星

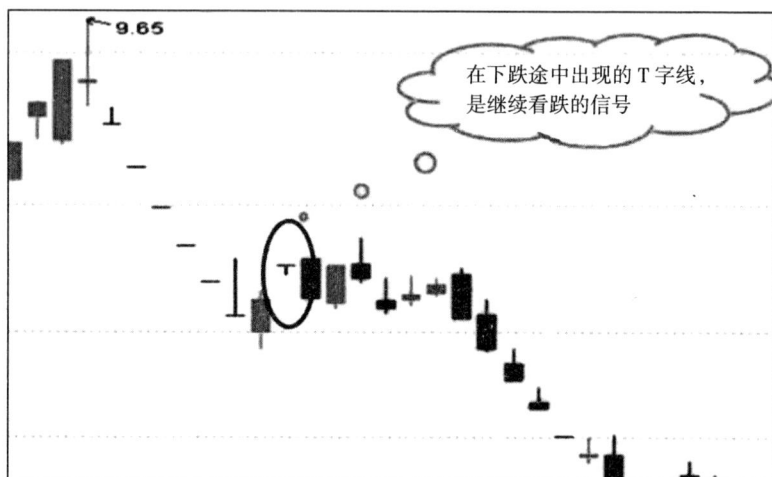

图 7-13 小反弹中的 T字星

3. 早晨十字星

早晨十字星是由三个交易日的 K 线组成的：第一天，行情处于下降趋势中，出现一根实体较长的阴线走势；第二天，出现一根向下跳空低开的十字星，且最高价低于头一天的最低价，与第一天的阴线之间产生一个缺口；第三天，行情重新恢复上涨，并且阳线实体较长，上涨时股价能够到达第一根阴线实体的价格区间内。该形态是比较强烈的趋势转强信号，属于明确的反转走势，行情将很快进入震荡上行趋势中，需要积极选股，择机及时介入，如图 7-14 和图 7-15 所示。

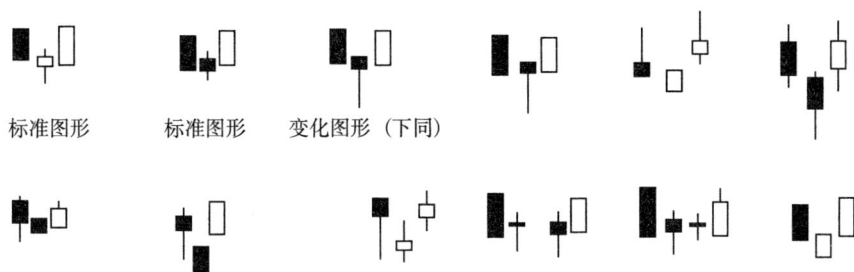

标准图形　　　标准图形　　变化图形（下同）

图 7-14　早晨十字星

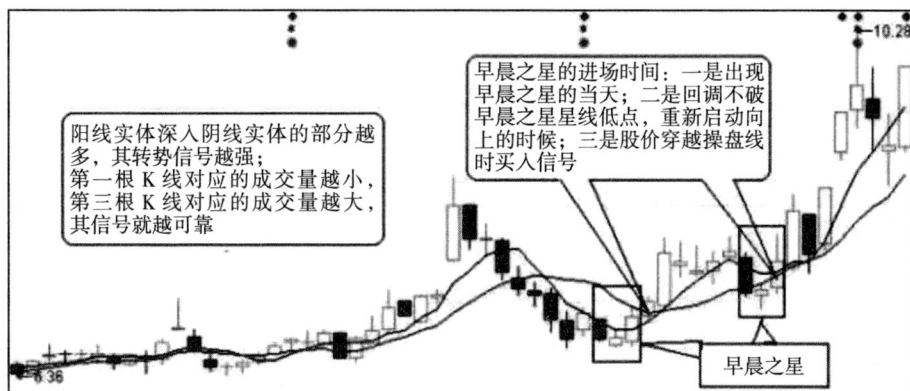

阳线实体深入阴线实体的部分越多，其转势信号越强；
第一根 K 线对应的成交量越小，第三根 K 线对应的成交量越大，其信号就越可靠

早晨之星的进场时间：一是出现早晨之星的当天；二是回调不破早晨之星线低点，重新启动向上的时候；三是股价穿越操盘线时买入信号

早晨之星

图 7-15　分批进场

五、图解几种高抛低吸技巧

第一种，星星相应。

星星相应是指在股票经过连续的缩量调整之后，伴随着急剧萎缩的成交量，出现的一组类似阴阳十字星相间的 K 线组合形态。

它分为两种：

（1）阳阴阳的组合，或阳阴假阴。

（2）阳阳阳的组合。

上述情况都是调整结束的标志，随之而来的是中线反攻行情。

例如，图 7-16 是兰州民百阳阴阳的组合。

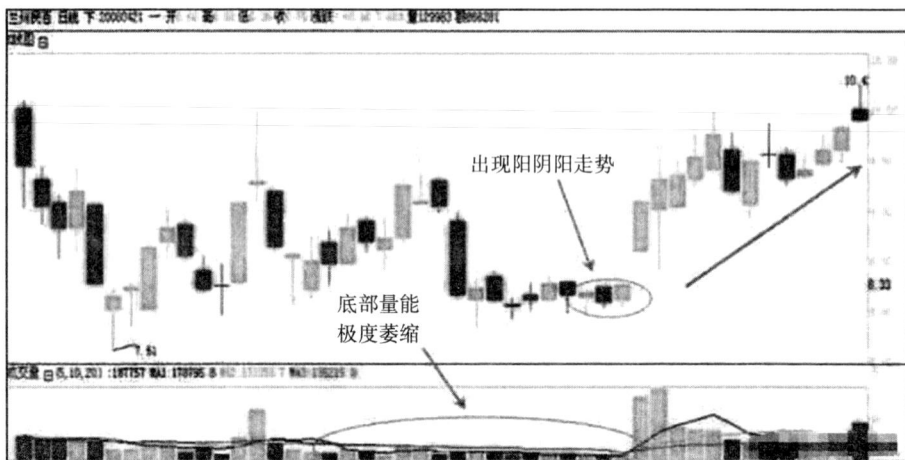

图 7-16　急剧萎缩的成交量

第二种，双针探海。

双针探海是指股价经过连续调整后率先收出一根长下影的小阳线，接着开始小幅反弹遇到短期均线阻挡，缩量回落到上次长下影的位置附近，再次收出长下影小阳线。经过二次带量的下影探底，股价再次回到短期均线上方，往往是转入急攻行情的先兆。

例如，图 7-17 是首商股份。

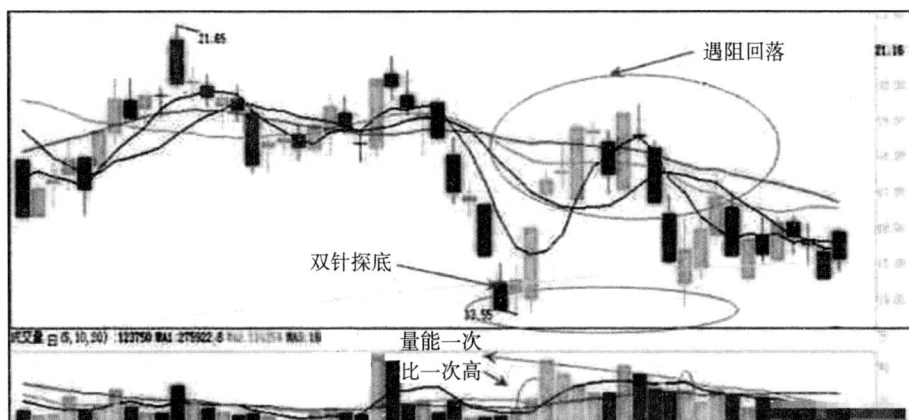

图 7-17　双针探海

第三种，舍线腾空。

舍线腾空是指在股票经过连续的缩量单边下行调整之后，在无重大利好消息的刺激下，股价突然大幅高开，一般当天收盘情况分为两种。

（1）高开收阴，不补缺口，则当天的低点或第二天开盘的低点是最佳介入点。

（2）高开收阳，则冲高后再次回落到舍线位时为最佳低吸点，随之而来的是调整结束后的中线上升行情。

例如，图 7-18 是浙江龙盛。

第四种，利用 60 分钟 MACD 来高抛低吸，如图 7-19 所示。

60 分钟 MACD 白线上穿黄线形成金叉信号，红柱延长，为低点买入；以 300251 某一天的走势来举例，当金叉买入时的价格是 10.8 元，60 分钟 MACD 死叉卖出，当时卖出价为 11.9 元，收益超过 10%。

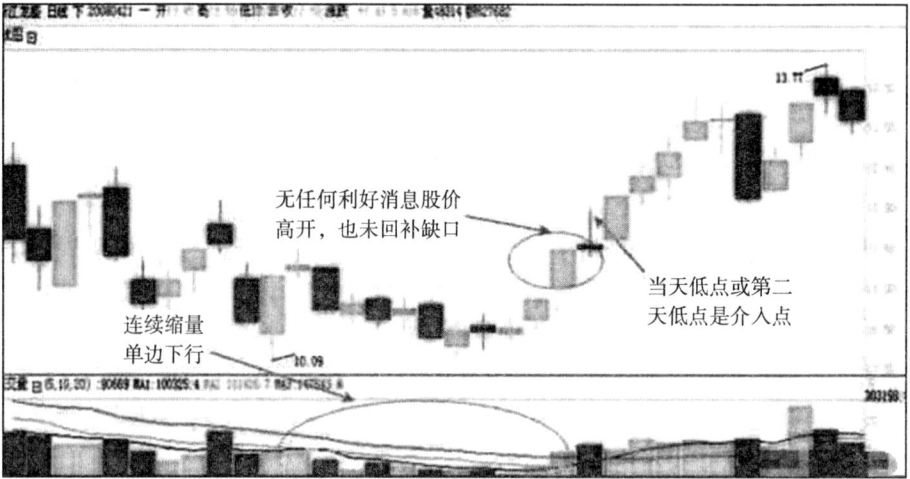

图 7-18　舍线腾空

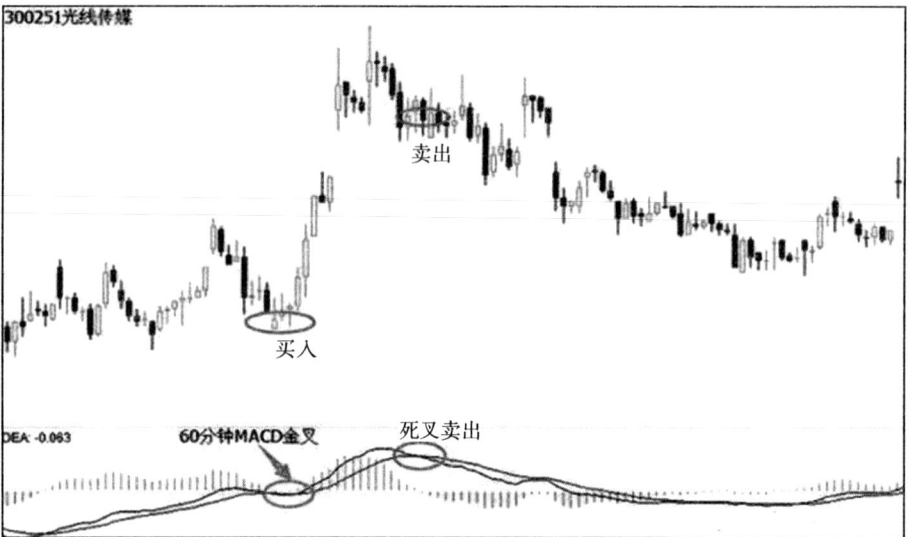

图 7-19　利用 60 分钟 MACD 来高抛低吸

　　第五种，利用布林线（BOLL）来高抛低吸，如图 7-20 所示。

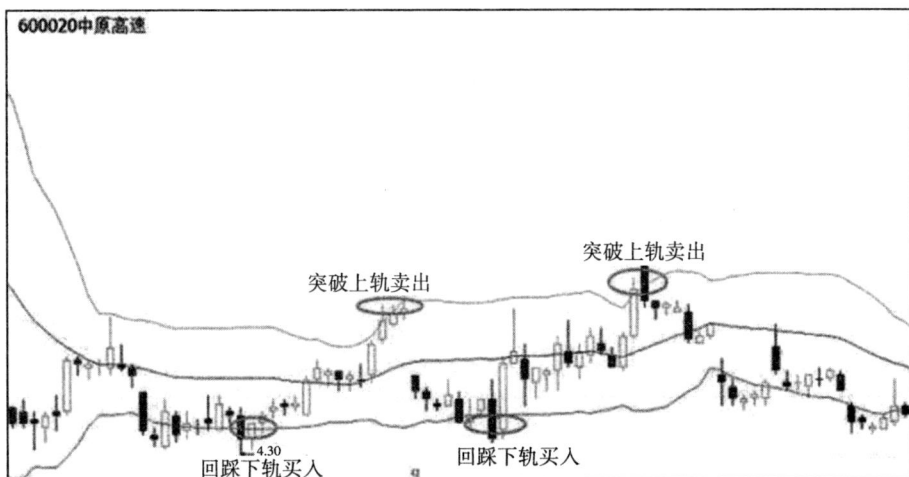

图 7-20 利用布林线（BOLL）来高抛低吸

利用中原高速作为案例，当 K 线踩到布林线下轨的时候买入，突破上轨就要卖出，短线收益还可以。这个不是马后炮，很多新手股民不知道如何去买入一只股票、卖出一只股票，其实布林线对股票买卖点的指标还是有很大作用的。

分时图高抛低吸法如图 7-21 所示。

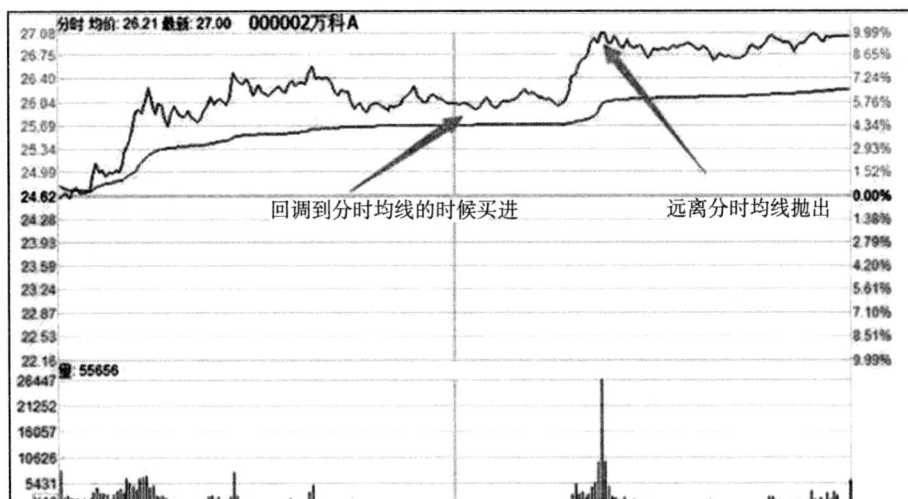

图 7-21 分时图高抛低吸法

当个股异动或上涨之后，其股价超出均价（黄线）过高时，可果断卖出，回归均线时可以买进。这是万科 A 在 2016 年 9 月 22 日的分时走势图，当万科 A 经过几波拉升后，回归到分时黄色均线附近的时候买入，当天收涨停板，第二天卖出，至少也有 5 个点，如果在 9 月 21 日时买入，那么股价在远离黄色均线的时候卖入，收益也能达到最大化。

六、高抛低吸分时上 T＋0 实战操作

（1）高开，跌破开盘价位，如图 7-22 所示。

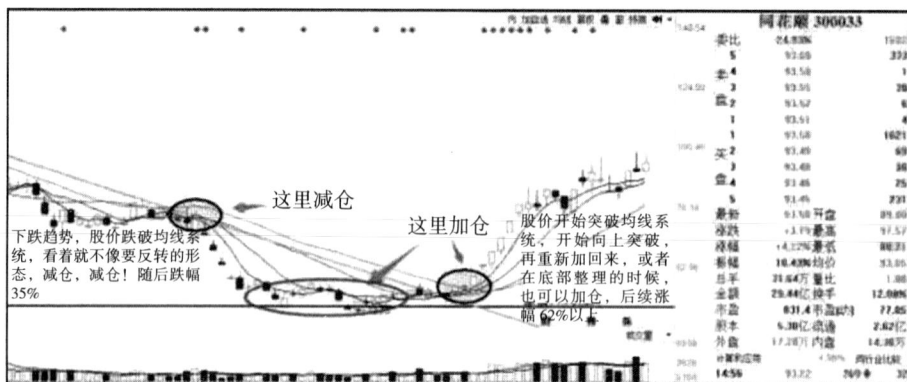

图 7-22　高开，跌破开盘价位

（2）跌破日均线，先卖再择机接回，如图 7-23 所示。

（3）高开低走，反弹不过日均线，如图 7-24 所示。

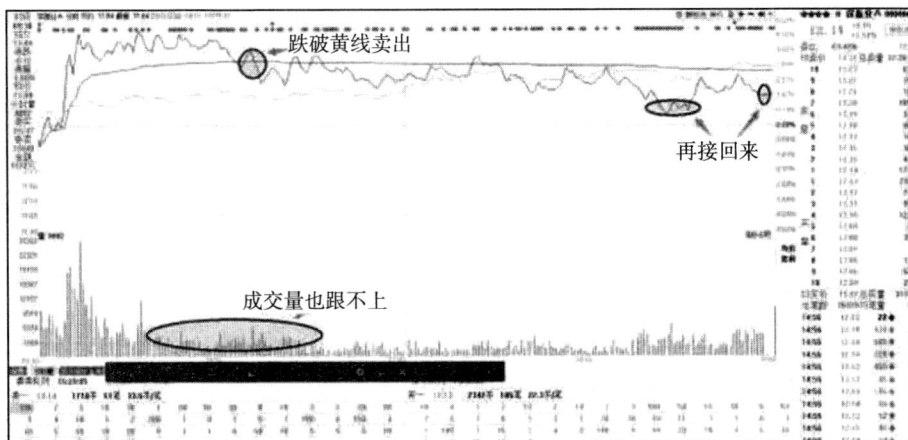

图 7-23　先卖再择机接回

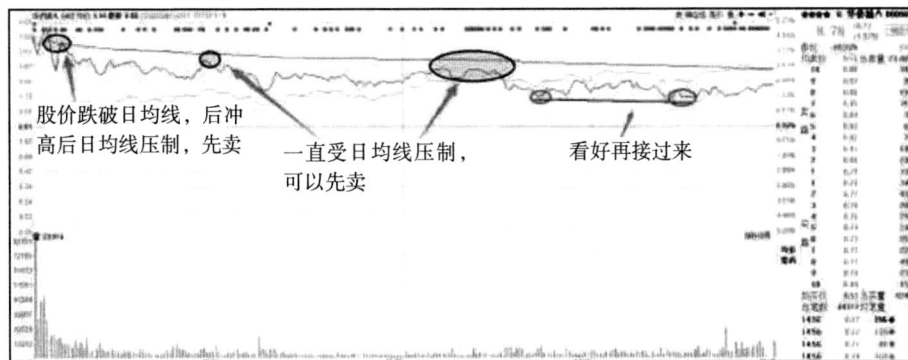

图 7-24　高开抛货

七、高抛低吸的误区

　　大部分人在实际操作中的高抛低吸就是：跌时买入，涨时抛出。因为跌时才有低价，涨时才有高价。这种方法把低吸高抛演变成了跌吸涨抛，即"逢跌吸纳，逢涨派发"。快，1 个小时，有点审美疲劳专买弱势股。为了逢低吸纳，有人总是把注意力放在那些跌幅巨大的、迭创新低的品种上，甚至盲目地在跌停板上买股，他们看到股票创出历史新低，就喜不自胜地以为遇到了千载难逢的赚钱机会，便忙不迭地倾资买入，其实既然该股能创出历史新低，就常常是新一轮下跌的开始，过一段时间就会发现所谓的逢低吸纳原来股价还高高在上。他们原先天真地认为比别人买得低，风险就小。殊不知股市中风险大小不是由股价的高低来决定的，股价下跌也并不像股评家所说的是"风险释放"那样简单。股市上"底在底下"的情况是经常发生的。买入那些无人问津的弱势股，是"逢低吸纳"操作思路指导下最常见的做法。

1. 错买转势股

强势股启动时往往极具爆发力，有时会直接拉涨停，因为要逢低吸纳，故不敢追买，其实好多股票启动时股价并不高，当然比最低价要高得多。如此一路看好，一路观望，始终找不到低吸的机会。直到一波行情结束，有时是一次大调整开始。股价从高点破位下行，这时很多人就会"忘记"当初启动时的股价，逢低吸纳那些高位跌下来的股票。其实那些刚刚由强转弱的股票还在高位，当然比最高价要低得多。可见错买转势股，同样是"低吸高抛"思路指导下的一种普遍做法。

2. 放掉黑马股

买到那些一路狂奔的黑马股，是众多股民梦寐以求的事。实际上，几乎所有的朋友都曾买到过这样的好股票，但很少有坚持"低吸高抛"的朋友能够骑着黑马驰骋股市的。好多朋友股票套牢了不慌不忙，一旦上涨，特别是有盈利的时候就全身紧张，只要一冲高就赶紧"逢高派发"。有的甚至把已经在涨停板上封得死死的股票也抛掉，如果有人问他为什么抛，他会轻松地告诉你已经赚钱了。这种随意放掉黑马股的操作，是坚持"高抛低吸"的习惯性表现。

3. 死捂问题股

股市千变万化，情况复杂，再小心谨慎，再分析研究依然难免会买到一些诸如信息虚假、基本面恶化、庄家出逃之类的问题股。当这些问题暴露后，股票通常会绵绵下跌且遥遥无期，坚持"逢高派发"的朋友最终的结果就是死捂问题股。凡此种种，都是我们普通投资人在股市中经常亏损或者赚不到大钱的根本原因，而出现这类错误操作的根源就是"低吸高抛"这一错误理念。

结束语：高抛低吸是短线操作的永恒原则。股市在今天上涨了，但投资者在昨天却割肉了；股市今天调整了，但投资者在昨天却追涨在市场的高位。在上下震荡的市场面前，散户朋友们非但没有赚到钱，反而逐渐地开始亏损。在市场面前，他们不知道该如何操作，是慌了，是怕了，还是因为听的谣言太多心乱了？股市的经验告诉我们，在震荡市里只有站在市场的反面，在大盘下跌的时候买入，在大盘上涨的时候卖出。总之，高抛低吸是短线操作的永恒原则。

第八章　缠中说禅 T + 0 战法 8：T + 0 套利买卖

一、T + 0 套利买卖操作法

T + 0套利一般发生在短线，对于短线投资，那么一般是在弱势或者震荡市。当弱势中我们能够发现，仍然有很多个股相对活跃，逆市上攻，这给我们提供了套利机会。如何去狙击这些股票呢？狙击这些股票需要哪些条件呢？下面讲讲短线套利的条件。

A.市场相对弱势或者震荡市。

B.个股活跃度强，盘中震荡幅度大。

C.多股互助，强弱互助。

D.所有短线套利均需要量价配合。

解释：为什么具备上述条件才能套利？在市场弱势中，对于交易者来说一般都选择空仓，耐心地等待机遇，因为在弱势交易途中，交易非常容易出差错，而很多散户朋友有两种症状，"手痒症"和"多动症"。

"手痒症"是由于前期散户朋友在被套而没有及时斩仓被套，他们很想通过盘中反弹来降低成本，减少亏损，可是没有好的操作思路和方法，导致亏损，当资金全仓套入其中就不知所措，被动持股或者被迫斩仓。

"多动症"是很多投资朋友根据不同的方法，研判市场底部，天天想抄底，抢反弹，可是由于市场微观变化很难捕捉，导致大多数投资者都套在反弹路上，或是抢底路中夭折，当其流动资金在操盘中逐步减少，最终要不和第一种一样被动持股或者被迫斩仓。

注意：在 T+0 套利中，选择股票的活跃性极为重要，如果股票没有相对的活跃度，那么就失去了套利的基础，判断个股的活跃度，可以根据最近几天走势、盘面换手率、量能、外盘内盘等其余条件来判断。

二、双底套利法则

在运用双底形态的时候，一直都注意在日 K 线上，而很多人会忽略盘中双底格局的运用，在实战短线套利中，双底运用极为广泛。双底意思就是在第一个低点附近后再次在价格相同区间出现一个低点，就是有两个底部，从形态上看也可以叫作 W 底。一旦在盘中能确立双底形态成立，那么将是稳定获利的开始。双底图形不限制在强势还是弱势市场，在弱势中，如果出现双底翻红，说明主力控盘强悍，第二天一般见长，所以为弱势套利之一；如果在震荡中，个股出现同等双底图形，我们在操作中需要结合股价来看待，因为在其震荡中，个股依托大盘依赖性相对比较强，很多时候会跟随大盘走出图形变异。如图 8-1 所示，2010 年 5 月 28 日（大元股份）。

如图 8-2 所示，2010 年 5 月 13 日（风帆股份）。

在图 8-2 中，我们能发现主力在早盘急速下跌后，股价出现短暂支撑反弹，形成第一个短底，而其后股价再次下跌，第二次下跌时明显发现量能萎缩，无大量抛压盘；该走势经历了半小时出现这样的图例后，证明主力目的为盘中震仓所导致，而并非主力杀跌影响，所以后盘一般

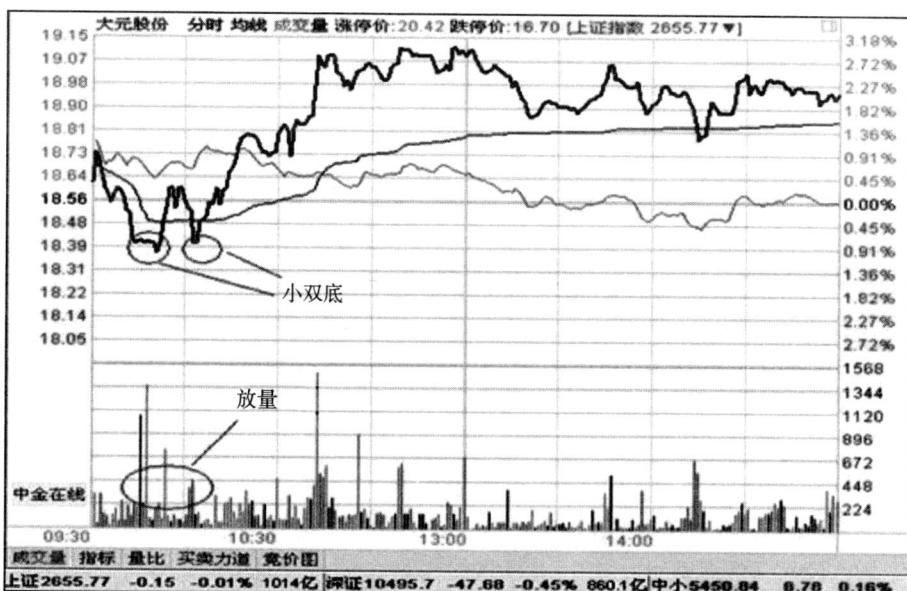

图 8-1　小双底放量

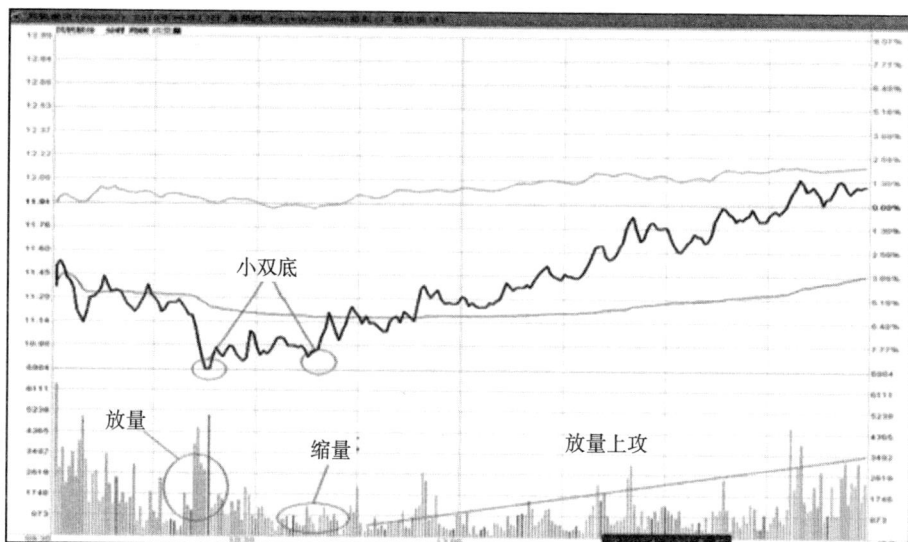

图 8-2　放量上攻

有好的看点；出现此类图形后，会有相应买点出现。第一，当第二个底部缩量形成，后放量向上，分时走势发生向上转变，后量能在出现相对放大；该买点基本是当天的最低点，此类买点为激进型买点、稳健买点。
第二，当底部出现明显双底后，估计向上放量向上突破，买点分别在突
破分时均线、突破昨日收盘价或者双底颈线时买入，一般运用最好买入
点位放量突破颈线一刻或者是分时均线一刻；此类买点为稳健买点。第
三，当双底形成后，股价已经突破了分时均线、颈线，在向上走日早盘
高点时，那么买点为突破早盘高点后回抽不跌破买入。此类买点为稳健
买点。上面介绍的为买入点，其原理很简单，主力在早盘第一低点出现
攻击性杀跌后，诱导前日跟风盘看到股价弱势，迫使其止损低价卖出手
中筹码，所以出现量能相应放大，而主力全部吃进。当主力吃进出现短
期的上攻，而无人再卖出，任由股价自由行走，时间可长可短，突然失
去主力股价上升不能得到持续，再次回落，并且是缩量回落下来，到达
前期低点价格附近，主力再次今日拉升，导致后面一路上升，一般在其
后拉升幅度在 5 个百分点后再看走势，其收盘价格一般以低点计算开始
有 4~5 个百分点。所以，该组图形能占有短差套利八法之一注：当双底
出现时，唯一忌讳大盘突击性跳水外，在双底图外还会出现多底图，均
可灵活运用，如图 8-3 所示。

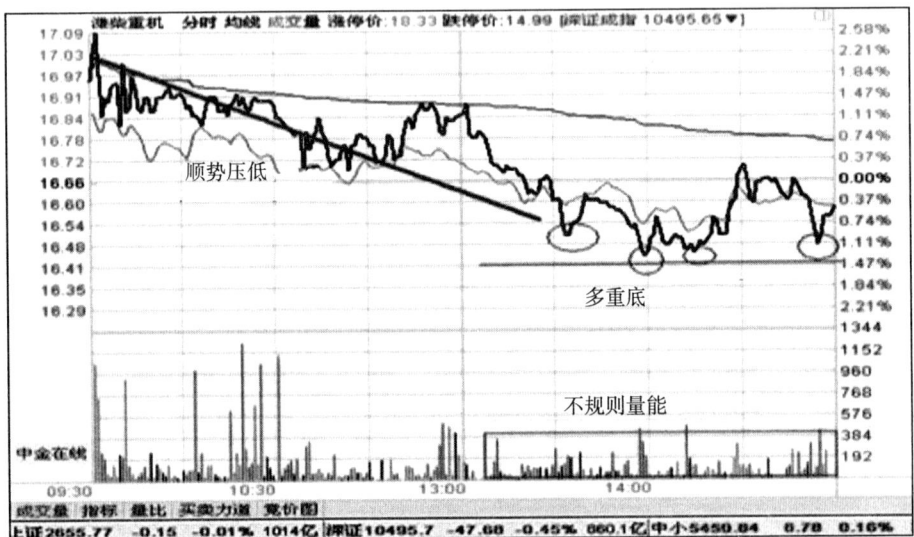

图 8-3　量能不规则

三、尖底套利法则

尖底图形一般形态简单，没有太深奥的理解，股价在经历快速的下跌后，在盘中触及重要的支撑点位而快速拉升，一点尖底形态形成，当天均有很好的收益，不过尖底图在不同市场的稳健度不如双底或者头肩底图。尖底在开始杀跌时量能急速放大，主力在盘中洗盘让投资者感觉极其恐慌，迫使其低价卖出，当在其支撑点积蓄放量巨大，在其后瞬间展开攻击性上涨。出现尖底图形一般也出现在上升的突破某种重要的压力位时会出现，如图 8-4 所示。

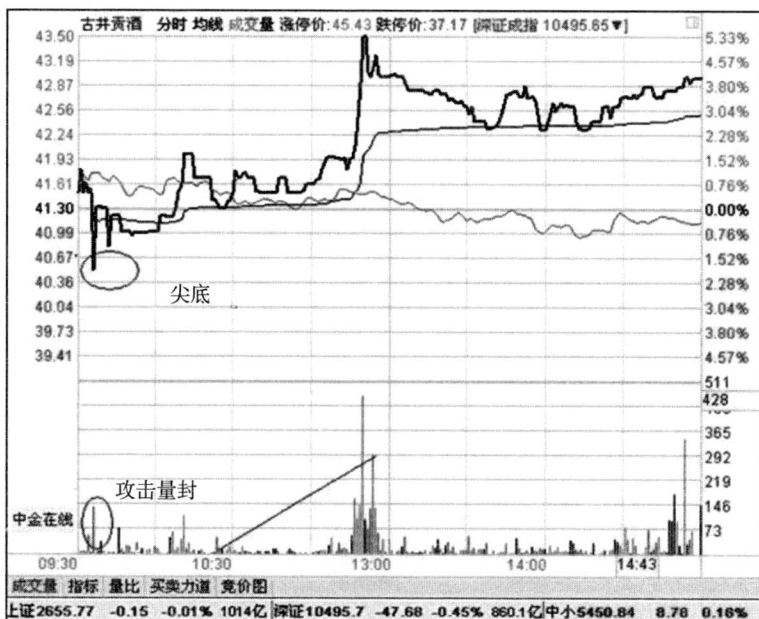

图 8-4　尖底支撑强

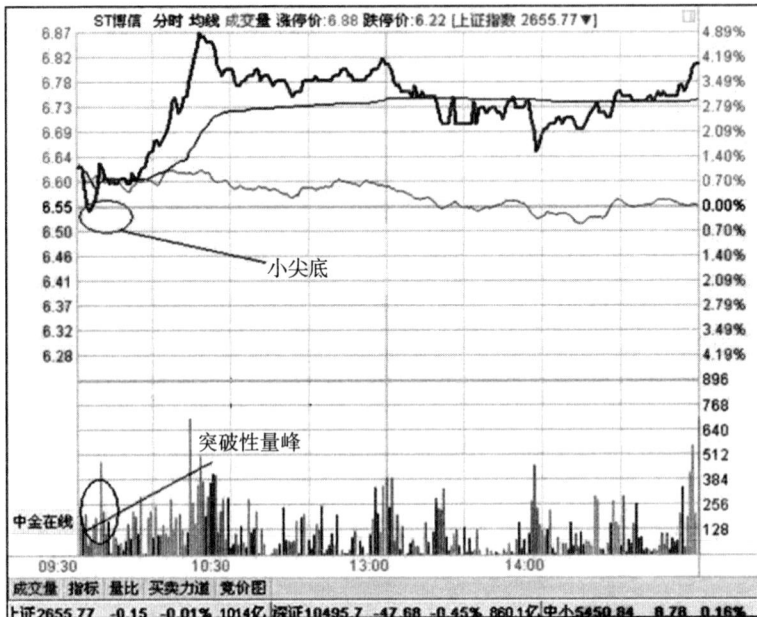

图 8-5　突破性量峰

从图 8-5 可以看出，在尖底图形中，主力震仓手法极其强悍，在其操作中均有回抽盘面之感，迫使股价再次回升所至，在实战做盘时由于上攻速度极快，所以在盘中基本不容易买在最低点位。由于股价上穿速度在拉升上去后会有一个修正，一般量峰萎缩，这时再次拉升将是我们最好的买入点，此时后期盘面均会有不同买点出来，股价突破早盘高点为第二买点，股价突破回抽后再次拉升为第三买点。第一，股价在探底回抽拉升后在起缩量整理在次拉升为当天最低买点；第二，当突破第一买点后，股价在突破早盘高点为第二买点，该买点需要量价均衡，量价健康；第三，当股价在突破早盘早点进入快速攻击后，量能需要持续，当量能不能持续，会在盘中在此回抽分时均线等支撑，在其支持反弹时成为当天第三买点。尖底图形运用在盘中指出位置较强的地方均能发挥很好的攻击效果（在尖底图形刚刚向上攻击反转形态情况下，不破低点反转可以买入）。

四、头肩底套利法则

在弱势或者震荡市场中运用，此头肩底比 W 底多一形态，其形态构成三底部，由第二底部为当天最低价格；该形态无论在分时线还是在 K 线形态均有市场反转形态，由于现在其主力做盘方式精化与改变，如高位 K 线形态头肩底经历反弹后多为出货行情，所以我们在实战做盘中均需要灵活运用其做盘法则，运用精通者，可判断主力其做盘方向和做盘手法；在盘中运用可以根据其结构寻求短差套利机会，结合图 8-6 来狙击最佳买卖点。

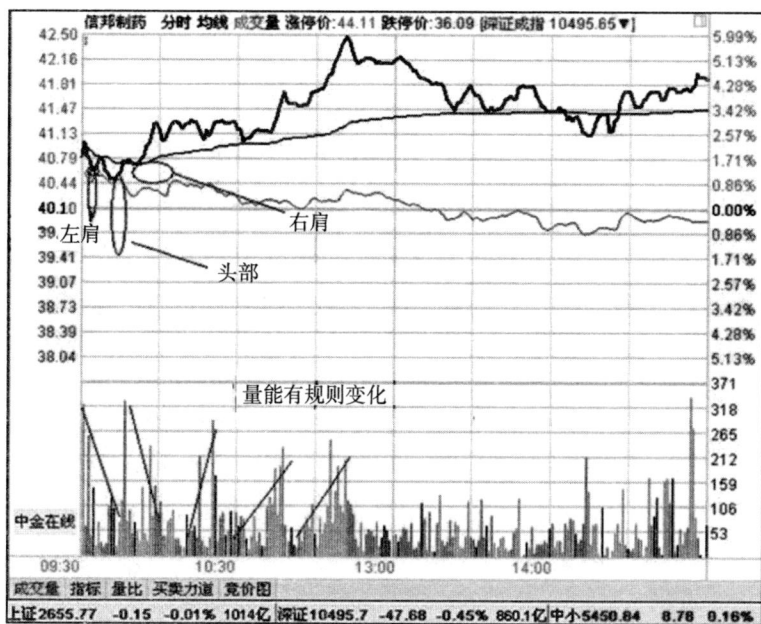

图 8-6　头肩底

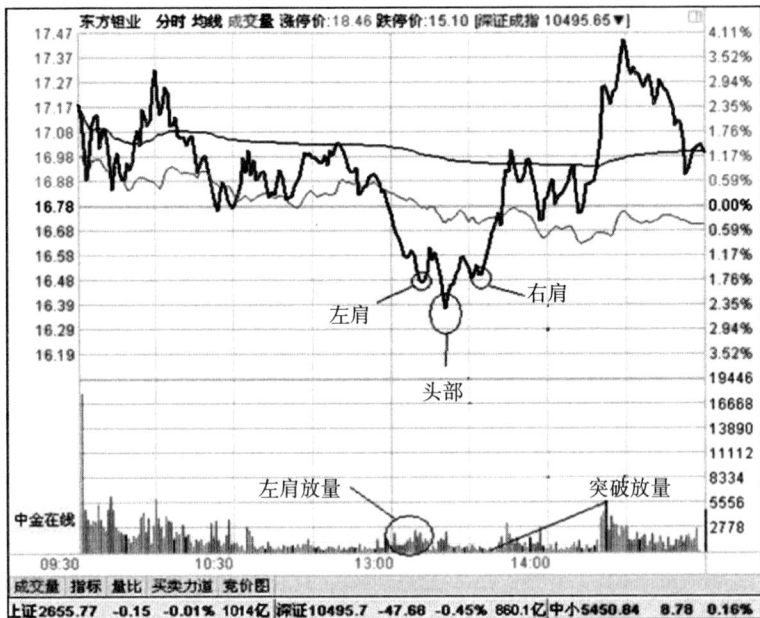

图 8-7　左肩放量

如图 8-7 所示（东方钼业）。

从盘面上我们不难发现，头肩底格局一旦形成，那么在后期走势基本被多头力量牢牢扣住，后面将有很好的一个多头行情，该技术行情广泛被运用在 K 线里，我们在做盘中把其运用在分时均线中，发现能给我们带来稳定的获利空间。我们能看见当第一波下跌均带有强势的放量下跌形态后随后反弹，形成第一底部，也就是我们说的左肩，但是反弹后随即被打压下来，击穿第一低点后形成新低，也就是后面的头部；此时成交量较第一波明显减弱；随后股价再次反弹，上攻无力，再次下跌后，却不能破位第二低点，形成第三相对低点，这也就是图中所指的右肩；该形态形成之后，随即便会出现短差买点。第一，在右肩形态形成后，转向上攻击为第一买点，另外有一点在突破颈线为买点，第一买点后股价多为快速上攻，如果能在此买点买进，该买点基本为当天最低点。该买点为激进买点。第二，在第一买点上攻后，由于股价攻击速度过快，需要短修正，此修正时刻不破新低后，在盘中再次向上攻击为买入点。该买点一般为安全买点。第三，在盘中积极回调不破低点，量能规则的情况下可以买入。此三买点原理量价结构完美，在判断主力方向也是不可缺少的一部分，灵活运用，也能稳定获取相应利润。

五、平台套利法则

平台套利是根据股票开盘后在第一时区和第二时区为一个低振幅时区，在大盘趋势性向好，或者在大盘趋势性向弱的情况下，该股股价沿着分时均线反复纠缠，形成一个低振幅平台，并且量能相对均衡，出现这样的盘面我们就应该积极关注，从做盘中发现，此类股票在午盘和尾盘有急剧拉升，如果能买在启动点位，后面面对拉升一般是在五个点以上；股理是蓄势和整理两个阶段，很多时候我们在盘中发现都是因为该股已经拉升上了一个高位才能发现前面的震幅平台，如何能第一时间发现，我们只需要将软件坐标改变成 10% 涨跌停坐标即可发现，如图 8-8 和图 8-9 所示。

从图 8-8 和图 8-9 我们不难发现，该股在早盘中都是沿着均线延续震盘，而下面量能状态有规则有序地整理吸筹，蓄积能量，在股价进入尾盘和午盘后放量急剧拉升，给人一种电光火石感，而我们在捕捉该类股票的时候，可以利用盘口特别观察该股运行状态，当股价一直在均线下方延续平衡震荡时，我们可以挂单价在股价与分时均线发生金叉的一刻买入，由于各个平台启动不一样，该股早盘延续震荡后，股价向上突破，我们也可以通过两点来跟踪：一是当下面出现一笔放量时第一时间买入，二是在股价不再与分时均线平衡，而是有向上倾斜，并且量能在逐步放大时我们买入。我们发现，我们在这里的买入点位只有一个，就

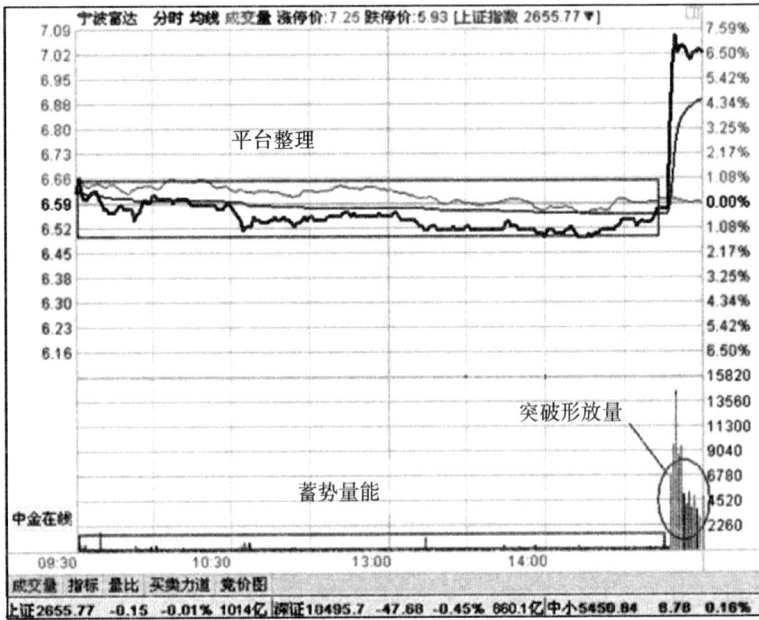

图 8-8　如何能第一时间发现

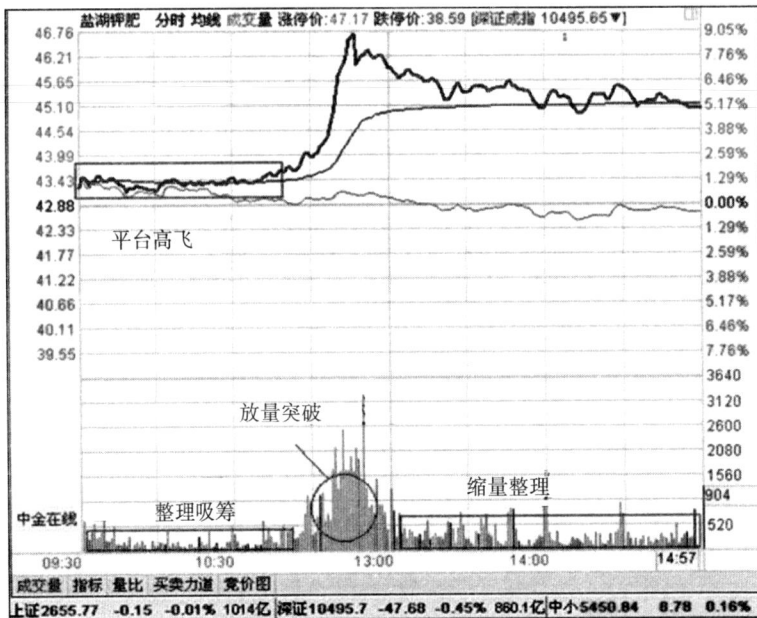

图 8-9　平台高飞

是在股价启动点。而很多时候该点位是需要快速敲单，很容易错过。第一，股价由下向上突破平台的那一刻买入，该买入点一般是量价齐飞。所以在盘中发现该买点后，一点买入当天获利即有 5 个点左右，这是套利区间必不可少的部分。第二，该买点是根据各个图形平台突破走势不同发出的买点，很多时候有很多股票有突破后快速回抽平台在拉升，那么在快速回抽平台不破反转时是我们最佳买点（在平台高飞期间，很多时候会走出二级平台、三级平台走势，该走势我们最多只能买在第二平台，在第三平台切忌不欲追高，如图 8-10 所示）。

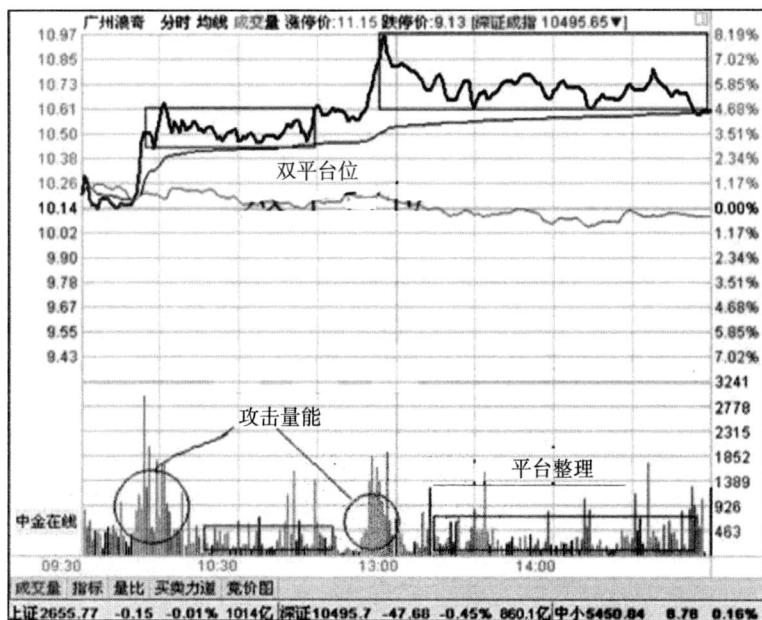

图 8-10 双平台位

六、旗形套利法则

旗形，顾名思义，是走势如红旗飘飘，旗形有上升旗形和下降旗形。

在实战中，下降旗形对我们没有太大的实战意义，所以在这里我们讲述为上升旗形。上升旗形是由于在开盘后股价快速拉升后在相对第一高位震荡，蓄积量能，蓄势待发之态。在第一时间攻击上第一平台后的横向整理，起底部不断抬高，在 K 线里面是底部抬高，均线等重心上移，形成红旗飘飘形态，后面一般均有一个高位突破，让你得到一份惊喜。我们在这里运用在分时线上，需要精确地把握好其买点，才能带去稳定的获利。如图 8-11 所示。

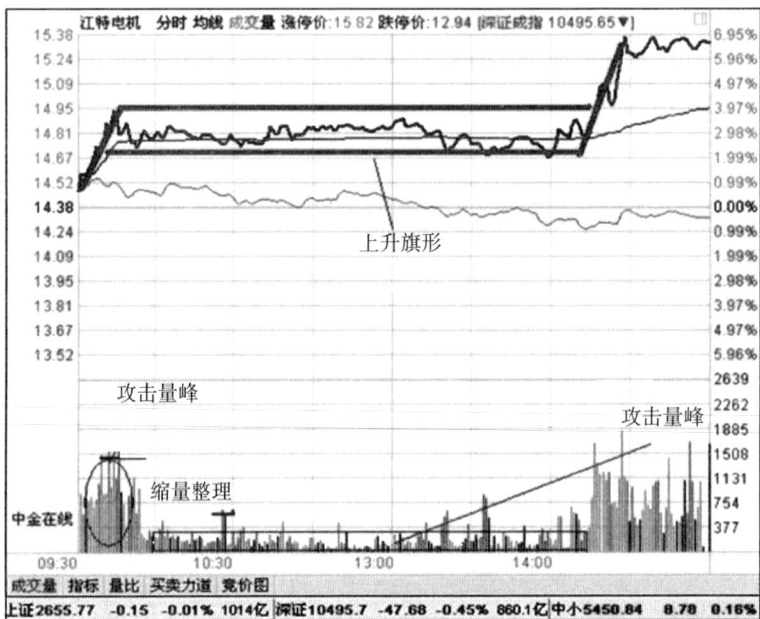

图 8-11 上升旗形

如图 8-12 所示，在起第一波产生攻击性的拉高，旗形形态分为旗杆、旗帜、旗尾、旗梢。在买入点当然是在旗杆前，但是旗杆之前无法得到一个很明确的盘面，不知道形态是否完善，所以在旗杆形态之前的买入需要根据当时形态变化来决定，在后期以股价上升幅度后形成的横盘整理突破，一般获利空间有 4~5 个点，但是此图形买点除了旗杆外只有两个买点相对安全，就是旗帜下跌无量到相对支撑位，上攻突破早盘高点，或者相对轨迹压力位，相对买点如下：第一，股价在早盘出现放量拉升，在突破早盘第一高点为买入点，该买点一般相对比较难判断，有时可能也是由早盘的尖底走势后而演变而来，所以在早盘旗杆前买入的需要结合其他买点来判断。第二，股价在拉升上一个高位后，横盘整理形成相对有规则的旗帜走势，在这个时候买入点均可分设在触及旗帜下沿而不破位买入，该买点不能破位旗帜太多，否则形态将不存在。第三，当股价由第二点快速向上突破并且量能出现攻击性量峰为买入信号，我们在面对股价和量峰，总体盘口均由两个大的攻击波而构成：一是旗杆量能，二是旗尾量能。

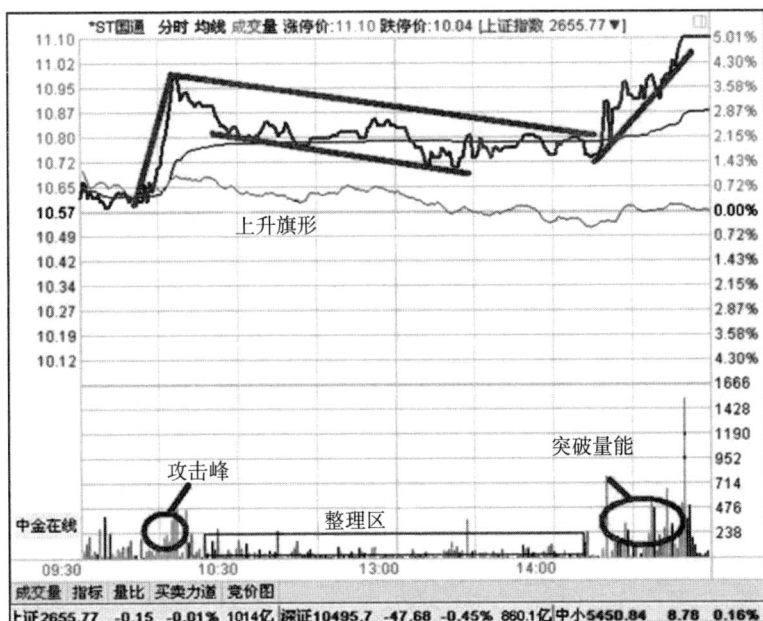

图 8-12 整理区

七、卧龙底套利法则

顾名思义：形如卧龙，在股价早盘大幅下挫后，出现在重要支撑位时，股价下跌趋势减缓，而在底部反复游荡，如龙腹，后在缓缓推高股价后出现攻击量峰。该走势类似于圆弧底图，股价在极速下跌后在底部形态缓缓圆弧底，抬高股价上行，此类股很多时候都是在早盘顺势压低股价吸筹，起到的作用是压低股价吸筹以及在盘中震仓，然后徐徐拉升，给人一种无力而放松的感觉。在拉升初期阶段量能没有明显放大的迹象，该量能看似均衡，后股价突然出现试盘波拉升，该股当日拉升幅度一般有 4~6 个点位，而我们在做套利的时候需要积极捕捉其买点，但是在捕捉其买点时我们发现，该股原来并非是规则买点，会出现不规则现象，如图 8-13 所示。

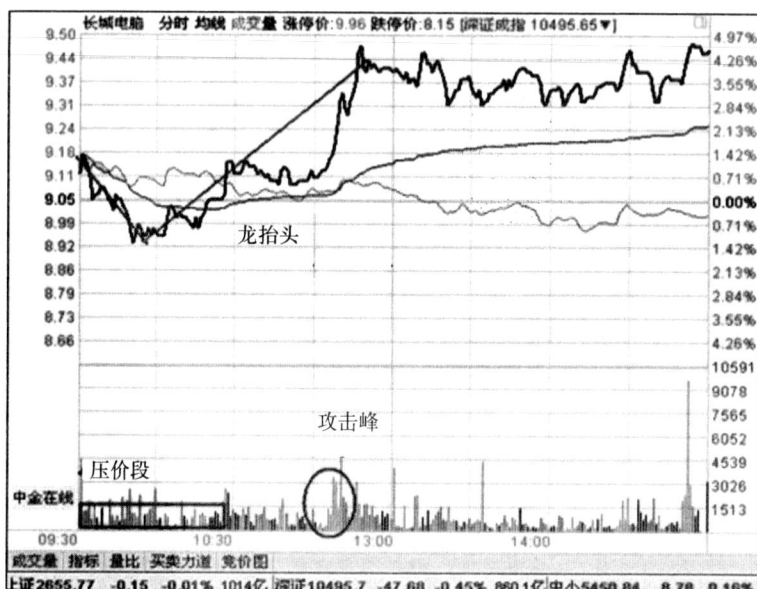

图 8-13 压价段

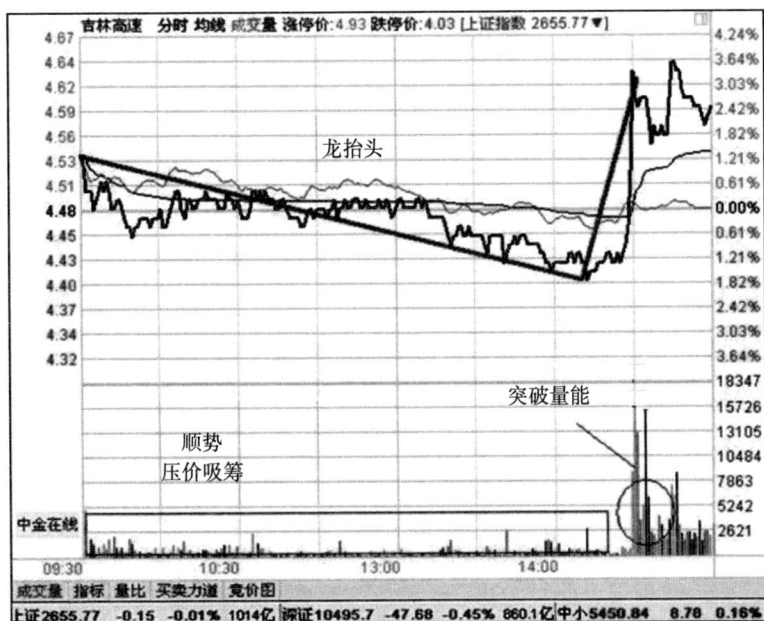

图 8-14 压价吸筹

如图 8-14 所示，在此，我们运用倒推法则，股价压低，量能没有明显变化均衡，而在股价抬高时我们的唯一标准只有分时均线，那么我们就运用分时均线为买点，股价在启动时由下向上穿透分时均线为买点，此时的量能平台有两种表现：其一出现试盘形量能突破分时均线，其二是在缓缓推高股价到分时均线，而量能出现上放量下缩量迹象，这个在盘中需要细致观察就能很好地发现，如果能把握住该买卖点，在盘中也能给我们带来盘口的稳定收益。在这里没有第一买点和几个买点的说法，在此类图出现均有一个买点，就是股价突破分时均线时是我们最好的买点，但是，我们在买入前需要结合该股的自身情况来定。如不能把握，可选择放弃，也不需要去冒风险追高。

八、分时放量、突破买入法

分时放量、突破买入法，这是最直接、最稳健的 T＋0 套利手段，如图 8-15 和图 8-16 所示。

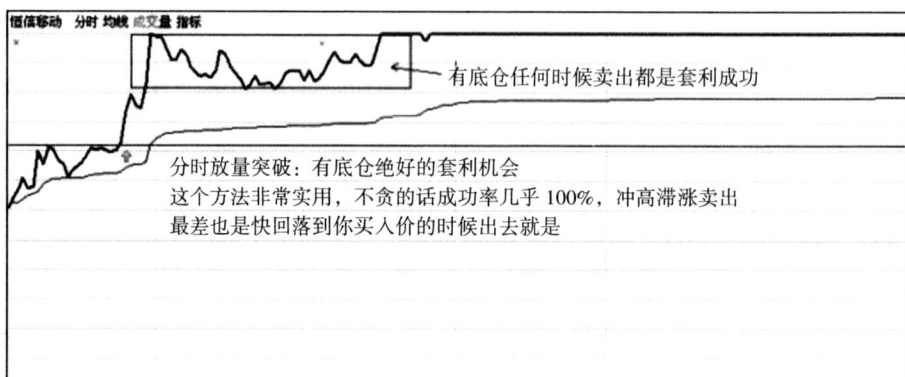

有底仓任何时候卖出都是套利成功

分时放量突破：有底仓绝好的套利机会
这个方法非常实用，不贪的话成功率几乎 100%，冲高滞涨卖出
最差也是快回落到你买入价的时候出去就是

图 8-15 分时放量

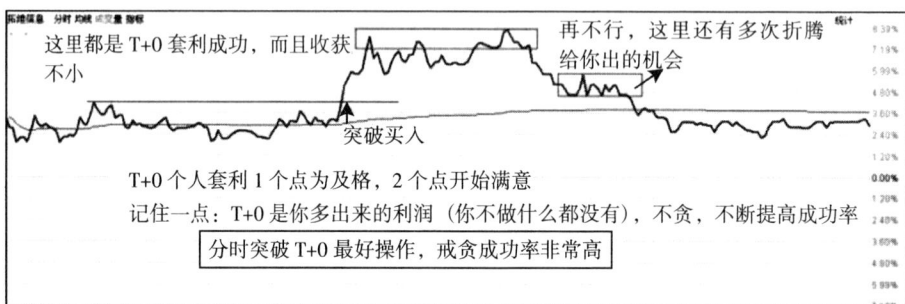

这里都是 T＋0 套利成功，而且收获不小

再不行，这里还有多次折腾给你出的机会

突破买入

T＋0 个人套利 1 个点为及格，2 个点开始满意
记住一点：T＋0 是你多出来的利润（你不做什么都没有），不贪，不断提高成功率

分时突破 T＋0 最好操作，戒贪成功率非常高

图 8-16 突破买入

急跌买入法：分时持续震荡杀跌，最后有一个分时急跌，但是分时形态小于 30 度转向，分时形成一个转向尖角——这就是很好的潜伏机会，这种分时形态往往是强势股盘整期管用的手段，我们要做的是敢于

潜伏，如图 8-17 所示。

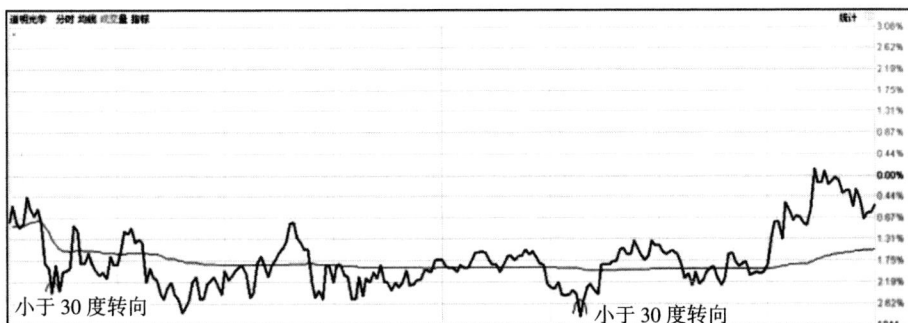

图 8-17 小于 30 度转向

这类股票很多，大家以后验证就是，小于 30 度的转向尖角一般都是主力狠洗动作，清楚恐慌着出局，如图 8-18 所示。

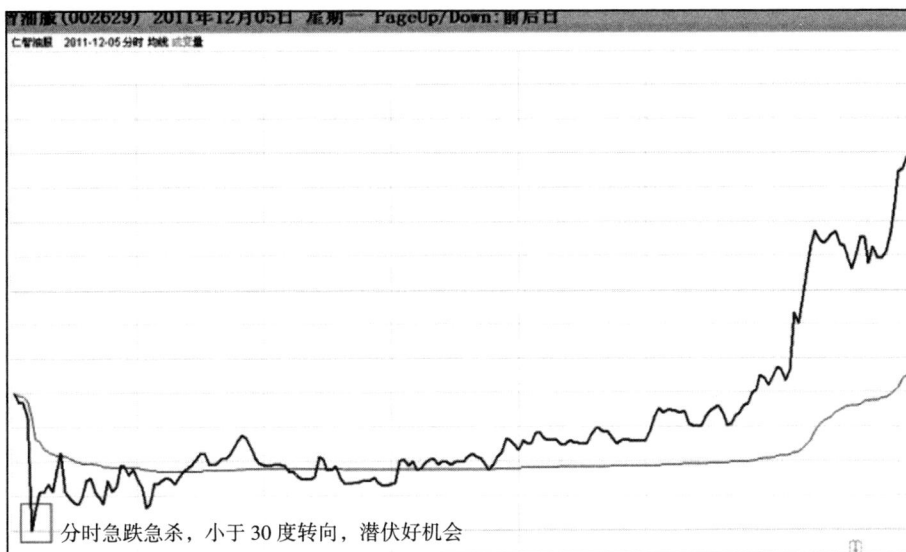

图 8-18 急跌潜伏好时机

低开低走，很快反弹越过开盘价位，表明该股有上攻能力。如果庄家想派发，开盘后会直接冲高，不能开盘后低走，要有回调之心，反弹一般不会很快超过开盘价位。反弹越过开盘价位的一刻，是进货之时，开盘后落在低点的股价虽然便宜，但那时不敢断定该股当日能否走强，没有确定性的套利空间。此类分时形态多为上涨中继，主力故意低开，以防抛盘，如图8-19所示。

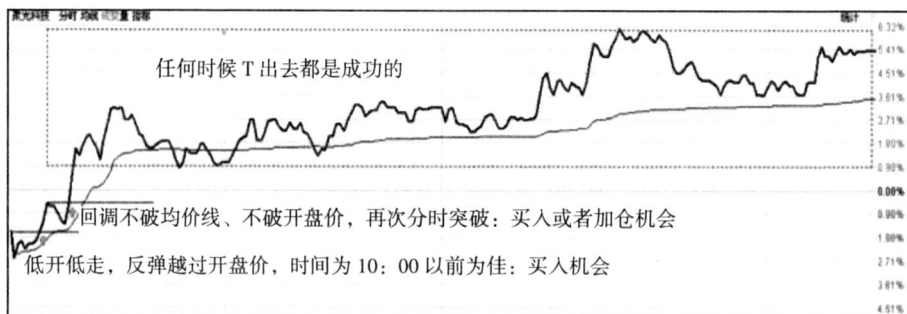

图 8-19　该股有上攻能力

第九章　缠中说禅 T+0 战法 9：掌握 T+0 操作技巧

一、做 T 的操作法则

缠论认为，最近的行情只能用巨震来形容，但是危机中不乏机会。现在已经不是之前行情的思路，拿着一只股票长线抱着，即使是好的牛股，也经不起行情的如此折腾。所以，现在最适合的操作方式就是高抛低吸。今天低吸保不准明天一个低开，这时的思路大概就是 T+0。

短线为主，做 T 为辅，其实无论短线、中线，经常做 T，远比持股不动要好很多。尤其是在大盘震荡、下跌期间，盘中做 T+0，是一种非常稳健、高效的套利手段。道理很简单，开新仓，能否盈利，还得明天说了算，而 T 是当日完成的，多了确定性，有时间盯盘，手中有个股，就有每天套利的机会，千万别小看 T+0，不做也是 4 小时，每天套点小利，是能否畅游股海的基础，也是积少成多的基石，时间长了，盘感会突飞猛进。

1. 常用的几种 T+0 模式

（1）受外盘或者个股利好高开，高开一般在 10 点之前会有个回抽昨日收盘价的下跌波，特别是弱市里大部分高开都会有回落波。这是个做空的 T + 0 机会。

（2）大幅低开。很多时候受外盘暴跌影响大幅低开，一般是低开后下探几分钟然后会有两波的向上反抽波，这是一种做多的 T + 0 机会。而大盘暴跌后第二天低开下探向上反抽后还有向下的确认波。这样大盘大阴线第二天早盘的反弹波如果是无量的话就是做空 T + 0 机会，一般在中午或者下午还得回探早盘低点。

（3）注意分时上的量头和量底。大家注意过没有，在上涨趋势里经常见到分时短期高点经常对应成交量头，而在下跌趋势里分时短期底部经常对应成交量头。

2. 什么样的股票适合做 T

这里要区分，不是任何股票被套都进行做 T 操作，那些涨幅巨大高位长阴杀下来的、趋势改变的，只有砍仓止损，别无选择，更不能所谓的加仓、补仓！做 T 的原则是趋势不坏或震荡区间没有破坏，股性活跃，主要支撑不破的股票，应对的是主力的洗盘手法。

做 T，就是原有底仓存在的情况下，利用盘中的波动实行当日 T + 0 交易，高抛低吸，博取差价、降低成本的手段。主力在操作过程中会使用手段进行震仓洗盘，很多时候振幅相当大，这就给投资者带来短线做 T 的机会，做 T 而不是止损，是因为还继续看好标的股的走势不坏，在不加仓情况下实现成本降低。

3. T + 0 的操作难点

T + 0 操作时经常会遇到预测正确，操作失误。

原因：对走势的把握不准。对大盘的走势、对板块的走势、对个股的股性把握没有达到统一。预测也只是一种假设，要将各种可能出现的情况和现有的条件分析清楚。

首先，通过小的尝试，反复地介入和出局，达到对目标股主升段的把握。这里要说明的是，不断地 T + 0 会无形地增加很多交易成本，多数人亏钱可能也就是在手续费上面，但上升趋势和下降趋势的操作有本质的区别，在下降趋势中，必须要有见利就走的准备，因为不能保证反弹什么时候会结束。

T + 0 在选股中所起的作用，T + 0 不会对某一只股票进行长期操作，而是在一个上升的阶段进行的操作，这个上升阶段结束后一个 T + 0 操作阶段也就完成了。T + 0 操作的风险大小，完全取决于选股的好坏，按照什么操作系统选股，基本上就会有什么样的盈利结果。

4. T + 0 的注意事项

（1）T + 0 当日盘中必须完成，千万别做成加仓动作，尤其是大盘震荡、方向不明的时候。

（2）T + 0 是多出来的套利，不做什么都没有，所以别贪，结合大盘和个股，个人经验以盈利 2% 为目标，不行 1% 也走。

（3）T + 0 技术主要用于市场情况不明朗的情况下的降低成本，如果可以判断市场走势的话，应该是加仓或减仓，而不是 T + 0。

（4）T + 0 必须严格设立止损，及时了结，不要涨了就舍不得抛，或因为判断失误而舍不得卖，将股票越 T 越多，成本越做越高。

（5）T + 0 最忌的就是追涨杀跌，和做权证不同，因为买入的部分今日不能售出。

（6）满仓持股 T + 0 胜过中线简单持股不动。

（7）满仓被套的人如果不想割肉，应该经常做 T + 0 摊低成本。

二、T + 0 操作有效买点把握

1. 早盘买入要点

9：45 以后，个股基本会有一个选择，如图 9-1 和图 9-2 所示。

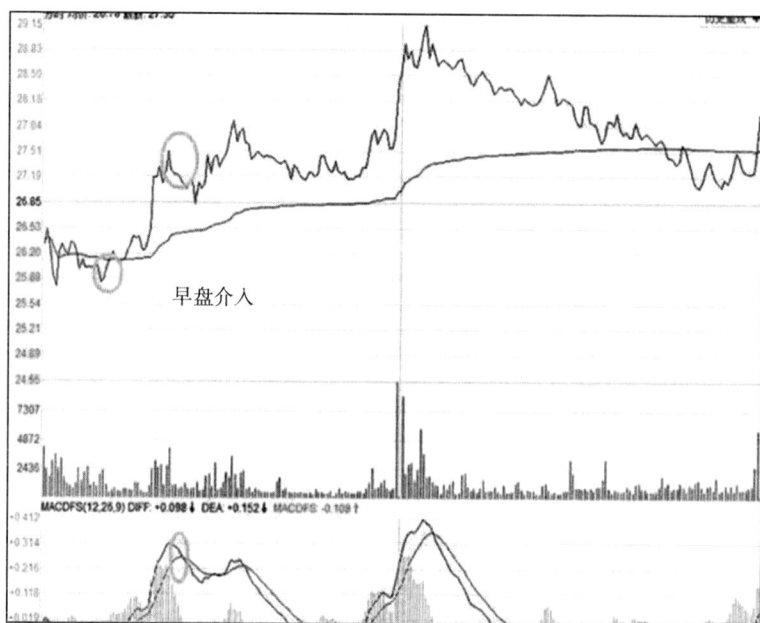

图 9-1　早盘买入

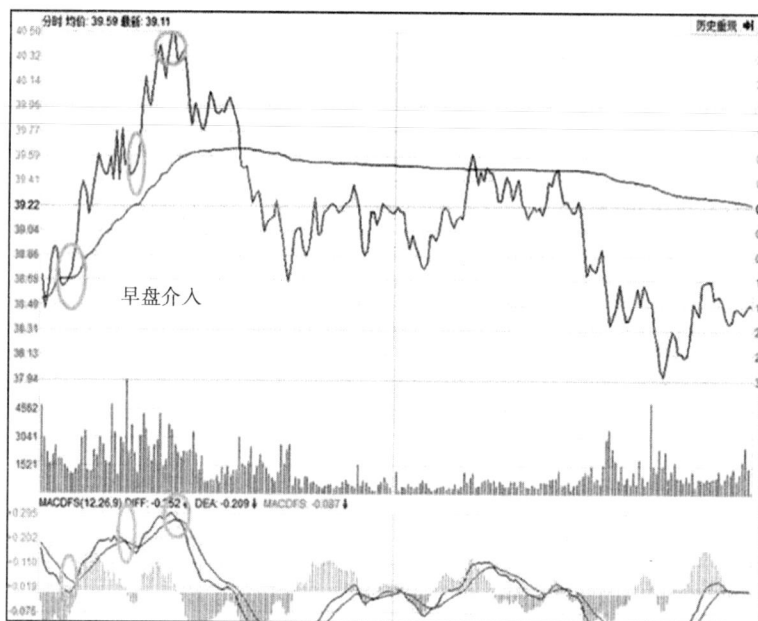

图 9-2　开盘半小时很重要

早盘买入要点：盯盘的人都知道，一般而言，开盘半小时很重要，每天早盘大多数个股都会因为开盘前一夜的消息面和情绪面酝酿而做出一个向上或者向下的动作，根据本人多年的观察，前 15 分钟是消化时间，即 9：30~9：45，在此期间不适合做买入或者卖出的操作。9：45 以后，个股基本会有一个选择，若是开盘后冲高回落（前一日短线获利盘出逃）抑或直接低开，此时也差不多见底，2% 以下跌幅或者平开的个股都比较不错。见底后，个股分时走势若有拐头向上的趋势、盘口上委买量增大、主买单增多、大卖单连续被吃、分时 MACD 金叉，果断买入与持有目标个股目前仓位同样的股数。这波向上的反弹一般会持续几分钟，因为卖单不断被吃，买单持续增加，主力利用冲高回落清洗获利盘目的已经达到，看好的资金和主力出手护盘不往下走，通过拉升维持股价。买了之后，什么时候卖呢？此时一方面看个人的心理预期，另一方面可以结合分时 MACD 指标，也即是分时 MACD 由金叉到死叉，可以将买入股数卖掉。

2. 尾盘介入时机

尾盘买股可以很大程度地降低风险，避免盘中出现大幅跳水而导致被套，神奇 2：30 一直是股市流行的一句话，2：30 之后在尾盘介入，如图 9-3 和图 9-4 所示。

尾盘介入时机：目前这种大盘环境，尾盘买股已经成为最为稳健的操作方法，一方面是因为尾盘买股能够最大限度地降低早盘买股的风险，避免大盘跳水被套；另一方面，2：00 已经成为目前日内行情一个重要的转折时点，自股灾以来，大盘 2：00 甚至 2：30 已经多次上演大幅跳水、大幅暴力拉升的戏码，所以自股灾以来，习惯早盘做 T 的本人也加大了尾盘做 T 的频率。选择尾盘买股做 T，若个股有尾盘拉升的规律，那么胜算更大。至于如何判断主力的操作习惯，看 1 月个股每日分时走势就一目了然。具体来说，在 2：00 或 2：30 以后，个股有一定跌幅，分时走势若有拐头向上的趋势、盘口上委买量增大、主买单增多、大卖单连续

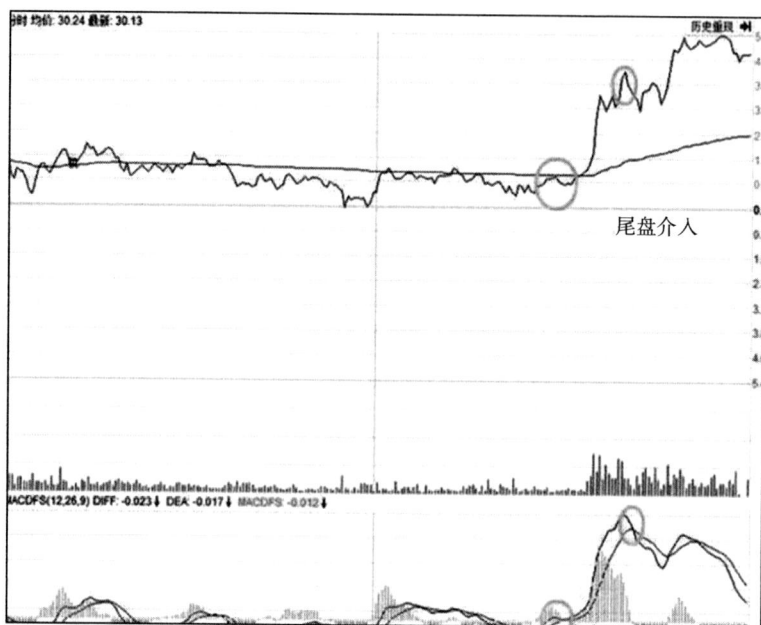

图 9-3　尾盘介入

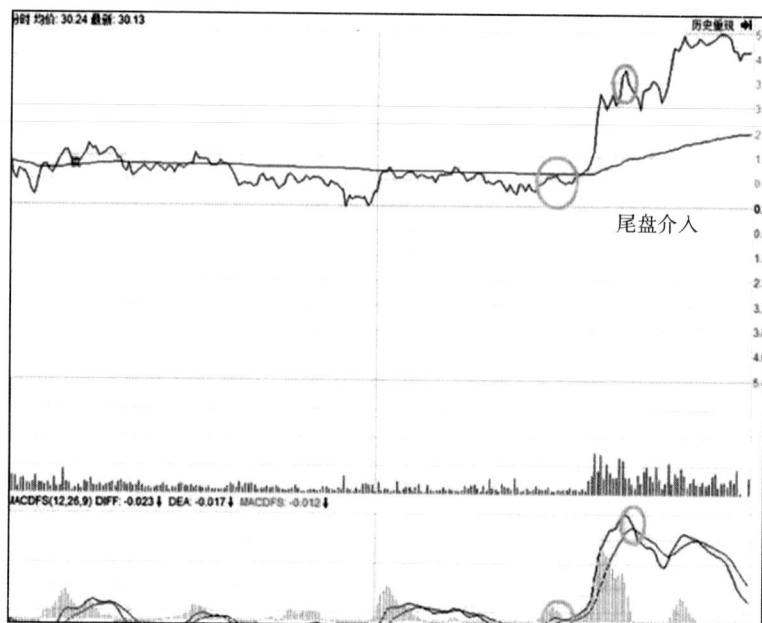

图 9-4　尾盘买股能够最大限度地降低早盘买股的风险

被吃、分时 MACD 金叉时点买入目标个股同等数量的股票，待个股回升，MACD 由金叉转为死叉时点卖出底仓，股数未变但成本降低。

三、T + 0 操作有效卖点把握

1. 下降通道上轨卖出

技术解说：这张分时图我们经常会遇到，主要是这类股票有一个运行轨迹，就是按照紫线保持下降通道运行。但下降通道确认形成后，每次反抽到紫色分时压力线都会再度向下，如图 9-5 所示。

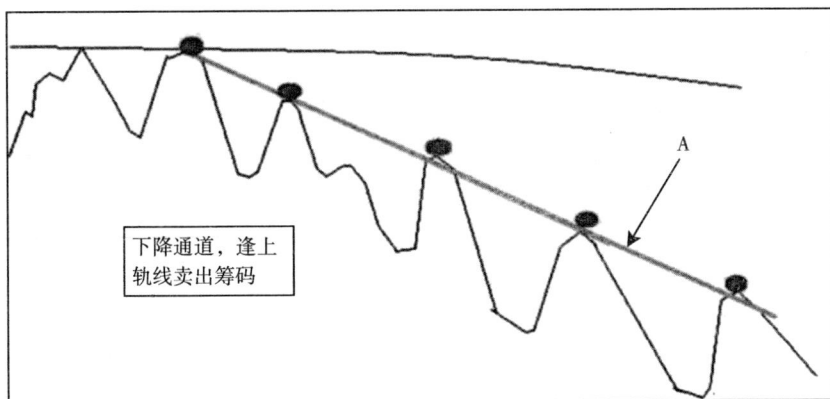

图 9-5　下降通道上轨卖出

2. 箱体上沿线卖出

技术解说：这种分时图也是我们经常遇到的情况。一般情况下，它是由两条线构造的箱体，一条是自画的紫线 A 箱顶线或箱底线，另外一条是均价线。当股价反抽到箱顶紫线趋势线附近时，我们可以 T + 0 卖出，如图 9-6 所示。

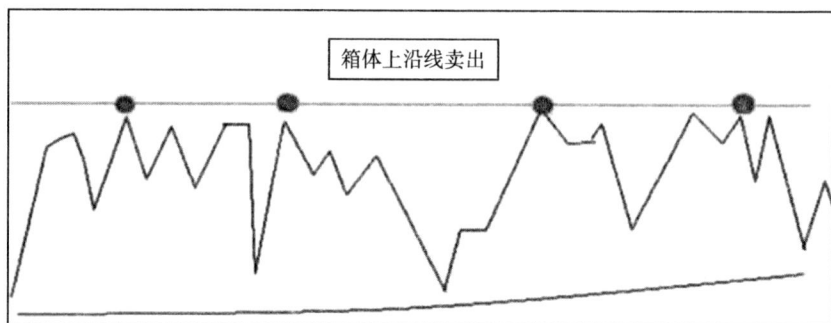

图 9-6　箱体上沿线卖出

3. 新低卖出

技术解说：一般情况下，当股票在高开时，然后保持高位震荡搭建一个平台。如果跌破平台的箱底价格可以考虑卖出。随后每一次下跌破了前面分时低点可以考虑卖出，如图 9-7 所示。

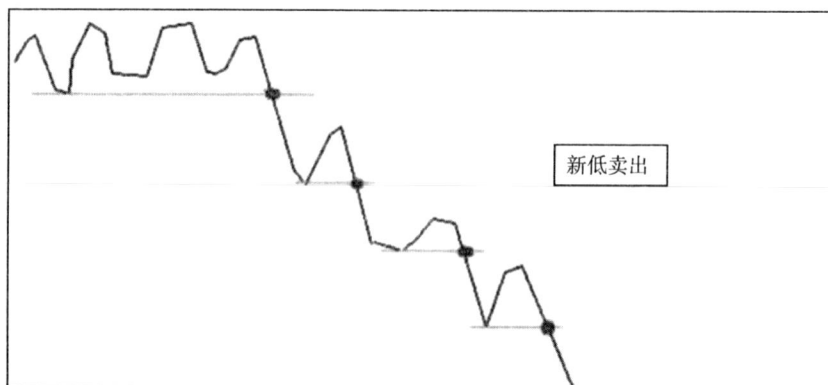

图 9-7　新低卖出止损

4. 反抽均线价卖出

如图 9-8 所示。

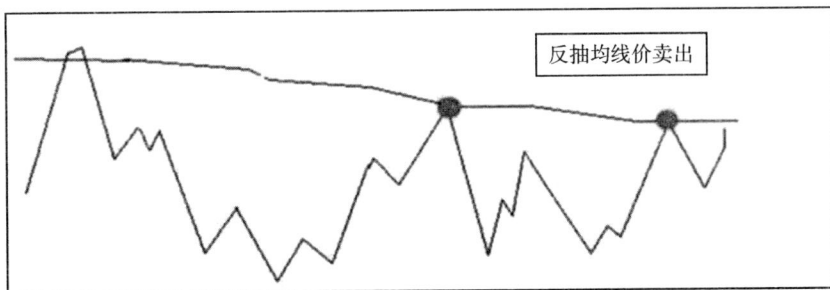

图 9-8　反抽均线价卖出

四、如何选择正确的股票和买卖时机

首先必须是已经持有 1 天以上的股票才能做 T＋0。

操作一：手头上有现货，在高位时出掉，即日到低位时再买入就叫 T＋0 操作。

例如，手头上有 10000 手某股（昨天买入的），在今天早上 10：37 时以 59.6 卖掉 3000 手（剩余 7000 手可以卖出），到 10：55 时以 53.15 买入 3200 手，到 11：00 时以 57.19 卖掉 3000 手（剩余 4000 手可以卖出），到 13：05 时以 54.37 买入 3100 手，到 14：20 时以 58.80 卖掉 4000 手（剩余 0 手可以卖出，刚好倒了 10000 手），到 14：26 时以 56.66 买入 4200 手。那么，今天整天的操作就是 T＋0 了，赚了 500 手的个股，共赚 2800000 元左右，降低了成本。这种 T＋0 缺点是卖了以后可能踏空，要看得非常正确才操作。

操作二：如果手上有 1000 股，当天上午大跌，再买 500 股。下午股票回升大涨，就卖掉原来 1000 股中的 500 股，总股数不变，但是手上现金增加，这是 T＋0 的另外一种。这种 T＋0 只会买了以后被套，不会踏空（只会被套），适合强势高震荡的股票，庄家也常用这个手法对倒股票降低成本！

T + 0 的具体买卖点判断：

第一，买点。

（1）量价配合完美，上拉放量，整理回落缩量，逆势拉升突破前面高点，而且分时量快速放大，属于买入信号，如图 9-9 所示。

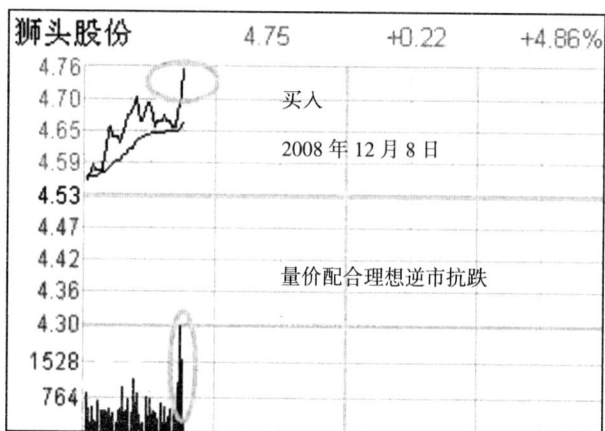

图 9-9　逆势拉升突破前面高点

（2）一句话："量价健康，拉升放量，属于买入信号"，如图 9-10 所示。

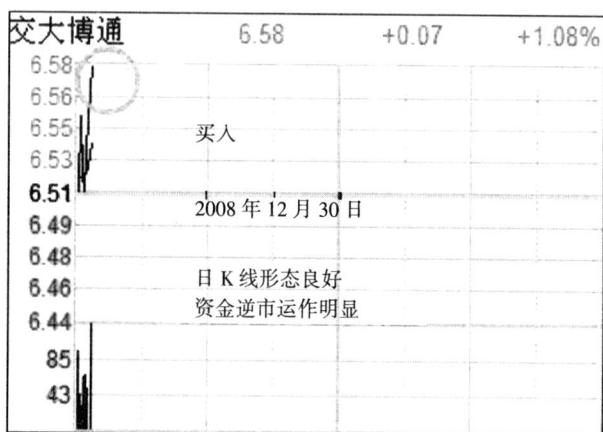

图 9-10　拉升放量

（3）整理后突现急剧放量的动作，分时直线拉升，属于主力做多的体现，买入信号，如图 9-11 所示。

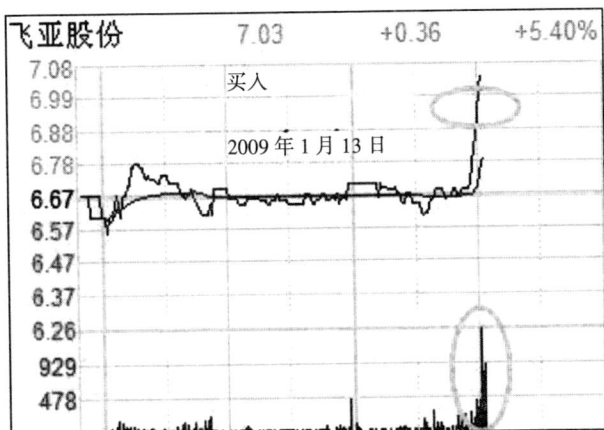

图 9-11　整理后突现急剧放量

第二，卖点。

卖股票时，我们要紧盯现价线，只要这条线一直上行，就可继续持股，有时现价线会一气拉到涨停板，那我们就跟它到涨停板。但多数情况下，是分三浪或更多的浪形拉到涨停的。如果第二浪不能冲过第一浪，一般情况下，前面的高点将是当天最高点了，我们必须在第二浪不能冲过第一浪时，果断地止盈。以现价线止盈，还要观察量峰和量比曲线。止盈位置示意图如图 9-12 和图 9-13 所示。

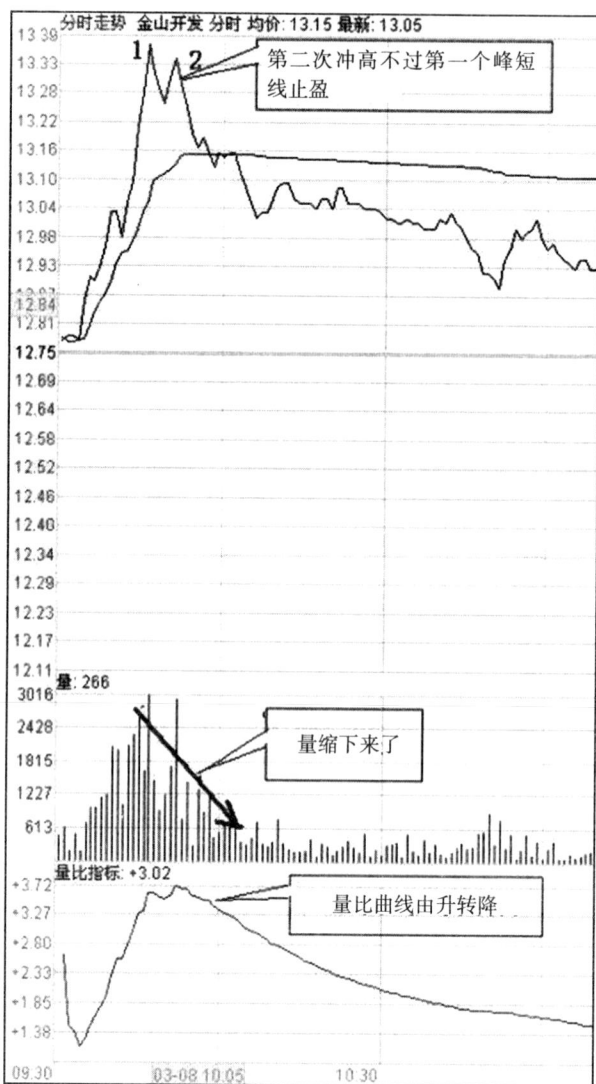

图 9-12　量比曲线

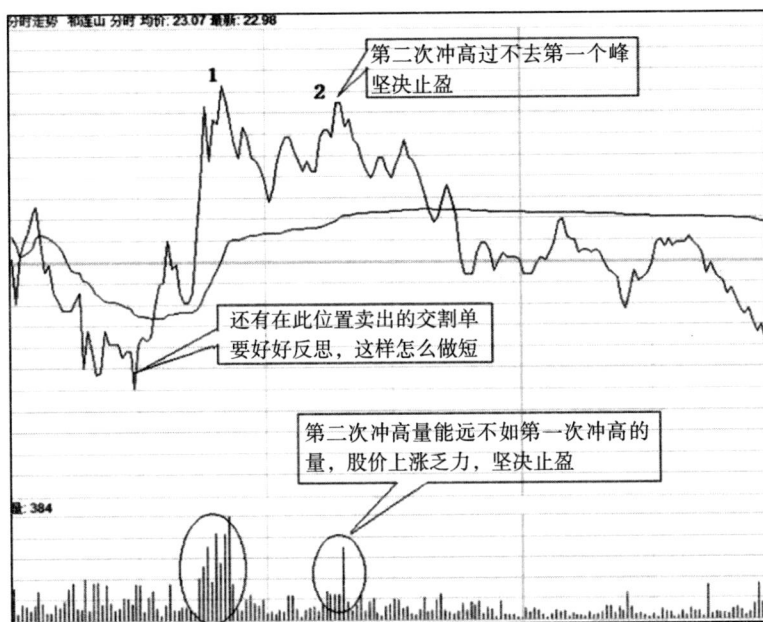

图 9-13　冲高止盈